冷思考，暖思考

权力与同理心的矛盾

［德］沃尔夫冈·施密德鲍尔（Wolfgang Schmidbauer） 著

黄梓怡 译

**KALTES DENKEN,
WARMES DENKEN:**

**ÜBER DEN GEGENSATZ
VON MACHT UND EMPATHIE**

华东师范大学出版社
·上海·

图书在版编目(CIP)数据

冷思考,暖思考:权力与同理心的矛盾/(德)沃尔夫冈·施密德鲍尔著;黄梓怡译.—上海:华东师范大学出版社,2022
 ISBN 978-7-5760-2472-2

Ⅰ.①冷… Ⅱ.①沃…②黄… Ⅲ.①行为经济学-通俗读物 Ⅳ.①F069.9-49

中国版本图书馆 CIP 数据核字(2022)第 042389 号

KALTES Denken, WARMES Denken: Über den Gegensatz von Macht und Empathie
Wolfgang Schmidbauer
Copyright 2020 © Kursbuch Kulturstiftung gGmbH
The simplified Chinese translation rights arranged through Rightol Media
(本书中文简体版权经由锐拓传媒取得 Email: copyright@rightol.com)
Simplified Chinese translation copyright © (2022) East China Normal University Press Ltd.

上海市版权局著作权合同登记 图字:09-2021-0215 号

冷思考,暖思考:权力与同理心的矛盾

著　者　[德]沃尔夫冈·施密德鲍尔
译　者　黄梓怡
责任编辑　王丹丹
责任校对　郭　琳
装帧设计　刘怡霖

出版发行　华东师范大学出版社
社　　址　上海市中山北路3663号 邮编 200062
网　　址　www.ecnupress.com.cn
电　　话　021-60821666 行政传真 021-62572105
客服电话　021-62865537 门市(邮购)电话 021-62869887
地　　址　上海市中山北路3663号华东师范大学校内先锋路口
网　　店　http://hdsdcbs.tmall.com

印刷者　上海华顿书刊印刷有限公司
开　　本　787毫米×1092毫米　1/16
印　　张　13.25
字　　数　145千字
版　　次　2022年9月第1版
印　　次　2022年9月第1次
书　　号　ISBN 978-7-5760-2472-2
定　　价　42.00元

出版人　王　焰

(如发现本版图书有印订质量问题,请寄回本社客服中心调换或电话 021-62865537 联系)

译者序

2020年，我于机缘巧合下接下了沃尔夫冈·施密德鲍尔这本著作的翻译工作。彼时德国正值新冠流行，公共场所采取大规模的封控措施，大部分时间只能居家隔离。那段时光虽有些无聊且压抑，但对于我翻译本书来说却是提供了得天独厚的外部环境：可以不受干扰，坐下来静静地读一本书，慢慢地思考，细细地打磨文字。

近年来，大到国际冲突，小到互联网上的对立和骂战，人与人之间的隔阂似乎越来越深。不论是在公共生活还是在私人生活中，我们在关系的处理上总是面临着层出不穷的问题。面对这一困境，沃尔夫冈·施密德鲍尔利用"思考的温度"，形象地引出了他对这些问题的思考与见解，并从社会与生活的不同领域进行了详细的解释说明。作者并未如一般社科著作那样堆砌学术语言，而是穿插了大量鲜活的例子，或是亲身经历，或是社会新闻，又或是追溯历史；再加上对歌德、克莱斯特等德国文学大家作品的旁征博引，使得整个论述过程不拘一格，收放自如。整本书读来亦是生动活泼，别有意趣。

本书的翻译历时大半年；在此期间，国内的社交媒体上多次掀起了对不同社会新闻和热点问题的激烈争论。在这样的背景下阅读与翻译此书，我每每通过作者的许多看法与分析联想到这些争论。本书虽不是直接针对这些社会新闻和热点问题的评论,但在许多地方却与它们遥相呼应,仿佛写下了这些时事热点的注脚,令我不由生出许多感慨。相信读者在阅读的过程中也能和我一样,有所共鸣与收获。

  作者在举例说明时,不可避免地涉及一些"德国特色";在两种语言的转换过程中,作者的一些"文字游戏"有时也无法用中文很好地展现。对此,我尽力在注释中进行补充说明,以期最大限度地减少读者的阅读障碍,获得更流畅的阅读体验。译稿虽经过多次修改与审校,但错误和不足之处在所难免,恳请业界同仁不吝赐教。

黄梓怡

2022 年 7 月于图宾根

目 录

引 言 　　　　　　　　　　　　　　　　　　　　1
在精神力量和精神困境之间

1. 濒危的健康　　　　　　　　　　　　　　　1
医学和心理治疗中的冷思考与暖思考

　　治疗前的"启蒙"　　　　　　　　　　　　　9
　　猜疑的入侵　　　　　　　　　　　　　　　13
　　诊断与治疗　　　　　　　　　　　　　　　17
　　冰冷的自我认知　　　　　　　　　　　　　25
　　框架辩论　　　　　　　　　　　　　　　　27

2. 一厢情愿的付出　　　　　　　　　　　　33
伴侣、家庭和自然中的冷思考与暖思考

　　青年人的"冷漠中毒"　　　　　　　　　　43
　　争取多样性的斗争　　　　　　　　　　　　45

3. 大都市部落   53
社会群体中的冷思考与暖思考

  重返自然   61

4. 现在有了，啊！   69
法庭和媒体上的冷思考、暖思考与热思考

  冷漠、温暖和狂热   82
  迅速而有破坏性地行动   85
  双重冷漠   92

5. 理想化与不当行为   99
助手与和助手有关的冷思考

  身为罪犯的儿童   100
  临床医生的法庭   105
  第一块石头   113

6. 创伤与正常化   121
对移情不适感的冷酷判断

  公正性的界限   126
  创伤政治和创伤治疗   129

7. 法庭上的丑闻　　　　　　　　　　　　　　　　135
出于恐惧的冷思考

　　丑闻　　　　　　　　　　　　　　　　　　　140

8. 性器期 VS 生殖期　　　　　　　　　　　　　147
冷沟通和暖沟通

　　作为交流的货物　　　　　　　　　　　　　　152
　　进步与倒退之间的矛盾　　　　　　　　　　　155
　　低级的和成熟的自恋　　　　　　　　　　　　158
　　报复　　　　　　　　　　　　　　　　　　　161

9. 逃入大脑中　　　　　　　　　　　　　　　　167
冷酷的神经科学

结论　　　　　　　　　　　　　　　　　　　　179
另一个世界

注释　　　　　　　　　　　　　　　　　　　　183

引 言
在精神力量和精神困境之间

"法规和法律遗传下来，
仿佛永难治愈的疾病；
拖拖拉拉地从上代传到下代，
又一处一处缓缓移行。
合理变悖理，好事变灾祸；
后世的子孙也算晦气！
我们生来就具有的权利，
真遗憾，从来无人提过。"[1]

暖思考和冷思考的不同之处在于，在"走进话语"的道路上，暖思考不仅能够呆板地贯彻主张，实施对所涉话题的精神控制，更包含了丰富多彩的情感世界。它没有把自己的感受与思考的逻辑分开，而是对其保持开放，正如它允许在移情幻想的意义上附带其他意图——这一意图关注的是在交谈中得到的感受。

冷思考的原型是法学，其中的法学成分远远多于数学和自然科学。法学思维明确地**要求**客观化、具体化，并与主观性和同理心保持距离。相反的，数学和实验科学在一切方面都保持中立，在对感受进行研究时不会出现反对的声音。

另一方面，艺术保留了通向暖思考的最佳途径，但医学和心理学也在这一领域积累了丰富的认识。除了药物的化学和物理效用，私人关系也能起到"药物医生"——就像米歇尔·巴林特*（Michael Balint）为这一因素起的名字——的作用。心理治疗处在医学、心理学、教育学和宗教的边缘地带。在这一地带，人们认为暖思考是不可或缺的。

心理医生这一专业群体大概也强烈体会到了冷思考会造成多大伤害。正如我们接下来将要看到的，最应该关注如何保护人们免受精神冷漠伤害的学科日渐式微。在医学和心理治疗中，人们招募使用法学思维的雇佣兵来保卫暖思考的领土。然而，历史告诉我们，这些雇佣兵倾向于夺取权力，征服那些请他们来做保护者和助手的人。

同时，我们发现，在公共领域出现了通过道德化来追求自恋型利益的现象，我几年前曾将其描述为**直升机道德**。[2] 媒体像传教士一般，宣扬对道德狂热作一般化处理。在这一问题上，所谓的"严肃"媒体不比小报谨慎多少。一个小例子[3]：

2018年12月1日，编辑马丁·惠特曼（Martin Wittman）对64岁的

---

* 米歇尔·巴林特（1896—1970）是匈牙利的精神分析学家，是客体关系学派的支持者。——译者注

演员莱纳·波克*（Rainer Bock）进行了采访。波克展现出的形象是谦逊和自省的，他曾很好地演绎过许多配角，现在开始逐渐接到主要角色——在好莱坞也是如此。

"采访者：几年前，有传言说您对权威人物感到厌烦。您说：'除非伍迪·艾伦**（Woody Allen）来找我演警察。'您现在还这么想吗？

演员：这不是一个严肃的问题，对吗？

采访者：当然了。

演员：因为艾伦涉嫌虐待？我不知道那个家庭发生了什么。

采访者：这不是关键之处。关键是，'MeToo'***运动开始后，出演艾伦的电影可能对自己的职业生涯没有好处。

演员：我从来没有从帮助我的事业的角度考虑过这个问题。

---

* 莱纳·波克（1954—），德国男演员、配音演员，代表作品有《沙漠驼影》《俄罗斯人的迪斯科》《皮科》等。——译者注

** 伍迪·艾伦，好莱坞著名导演，代表作有《安妮·霍尔》《曼哈顿》《汉娜姐妹》《午夜巴黎》等。曾被曝出性侵、虐待养女的丑闻。——译者注

*** "MeToo"运动是2017年10月哈维·韦恩斯坦（Harvey Weinstein）性骚扰事件后在社交媒体上广泛传播的一个主题标签，用于谴责性侵犯与性骚扰行为。该运动鼓励女性在网上公开被侵犯的经历，以使人们能认识到这些行为的普遍性。——译者注

采访者：您这是信口开河。"

这位演员开了个玩笑，从这个玩笑中可以明显看到他对电影制片人伍迪·艾伦的尊重。记者想刺激他坐上"愤怒的直升机"，而演员想的是扮演有趣角色的现实可能性。莱纳·波克太有礼貌了，抵御不了别人对他的道德干涉。在直升机道德的时代，想做好自己工作的正派人士如果拒绝变得愤慨，就不得不担心自己的声誉。

事实上，记者似乎想当然地认为，不应该会有人认为伍迪·艾伦是个有趣的电影制片人了。在这个世界里，人们将潜在受害者的痛苦一笔勾销，并扮演起这些受害者的律师，对抗潜在的罪犯，以此来显示自己很有用。

通过这样的手段，人们得以摆脱那些有同理心的旁观者所感受到的羞耻感。一旦稍微有点反击能力的人被虐待、威胁和利用，这一事件的证人就会调转视线并撂挑子，不再为了让性侵罪名成立而奔走。侠义行为是罕见的。这一行为既不忌惮罪犯的权力地位，也不对他可能的报复感到恐惧。

当龙已经没有了牙齿，在陷阱里挣扎时，骑马冲锋不需要勇气。这时候表现出来的是对受害者的同理心。这一同理心只会让我们对罪犯或嫌疑人大肆发泄仇恨，并在面对他们的羞辱时让自我感觉更好一点。记者的提问方式隐晦地反映了这一动态关系。这种提问方式在伍迪·艾伦和受访者身上都没有挖掘出任何新东西，只是做到了提供"信息"。从这一点上我们认识到了助长偏见的新闻报道身上残酷的平庸。

在当下激烈的道德化中,我们看不到这样的同理心:遭放逐的人可能是无辜的;看不到在许多文学作品中出现的这些叙述:被污蔑的受害者们被冤枉,不经审判就遭到惩罚。道德家既不关心受害者,也不关心罪犯,只关心自己。他们把自己当作受害者的律师;越过所有规定好的诉讼程序,宣布了他们的判决,并叫来了刽子手。

人不是东西。他们是主体,是有呼吸、有觉知的生命,有复杂的内心世界,与其他生命联系在一起。我们每个人都生活在一个属于自己的世界里。充满爱的关系对我们在生活中的感受特别重要;这种关系的特点是,我们在主观上认定彼此都在用**一种**爱在爱对方——然而,在现实中,关系里的矛盾告诉我们,即使在配偶、兄弟姐妹、父母和子女之间,也总是有两种爱,而我们往往在发生矛盾的情况下才会意识到它们之间明显的差别。

主观的信念和内心对现实的认知是心理学的主题,而司法判决则着眼于事物和主体之间的关系,并且——为了让自身发挥作用——必须首先将人与人之间发生的每一件事具体化。从事法律行业在许多方面与从事医疗行业类似。

在解剖课上,准医生们[4]了解到,他们必须克服这一障碍:出于同理心而抗拒用手术刀和镊子切割人体。[5] 心身医学* 的先驱乔治·果代克(Georg Groddeck)和亚历山大·米修里希(Alexander Mitscherlich)都

---

* 心身医学是一个跨学科的医疗领域,研究社会、心理、行为因素对人类或动物的身体新陈代谢、生活质量的影响。——译者注

提到了这一从尸体开始的学习,并将其视为医生与心理治疗和心理学之间问题的根源。

在法律的从业方面,有一个与之类似的关于法学生的笑话。一名法学生和教授一起爬上塔楼,二人都在观察街道和广场上发生的各种情况。教授问道:"你看到了什么?"学生迫不及待地开始列举:"男人、女人、孩子、汽车、自行车、房屋、树木、狗、路灯……"

"错了!"教授厉声说。学生疑惑不解。教授给出了正确答案:"法律对象和法律主体!没有别的了!"

法学是现代的世界语。经济和国家变得越复杂,起草的行政法规就越多。那些起草这些法规并将其作为条文确定下来的人,都自动地遵循法律语言。为了让一种诉求获得组织形式,我想建立一个协会;这时我必须向律师提交章程。我预想到了这一点,于是得努力按照他的期望来写。

较大的组织会雇佣律师来负责这些工作。凡是进行行政管理的地方,凡是运用法律或起草新法律的地方,都有法学家的身影。长期以来,即使主要接受的是另外一种思维方式训练的心理医生专业协会,在管理上除了荣誉理事会,也还会雇佣一名律师。当然,对于那些一开始与管理型政治保持着批判性距离的政党来说——就像曾经的绿党* 那样,情况同样如此。

---

* 绿党(die Grünen)是德国以绿色政治为诉求的政党,主要有三个基本目标:和平主义、社会公义和环境保护。——译者注

只要离开对任务和关系进行情感调节的私密领域,我们就进入了管理的世界。进入这个世界的人几乎都不可避免地会面临这样的选择,要么返回,要么用法律武装自己,以免被已经武装起来的人制伏。这一般来说没什么问题——有一技之长的人可以安心工作,因为他有税务顾问监测他的财务状况,并在必要时为他在税务局前作辩护。

然而,如果有人在自己技能之外还对社会进程感兴趣,并观察着处在管理之下的世界的发展,他们就会发现一个相对连续且只通向一个方向的发展过程:这个过程从较少的监管和较多的自由到较多的监管和较少的自由,从对行政和官僚机构保持批判性距离到要求对"禁区"实施更严格的控制和"再开发",从暖思考占主导地位的领域到冷思考占主导地位的领域。

从国家几乎不干预的大块自由空间到严密的监管,欧洲南部的这种变化比中部和北部的要明显得多。当地人表达了这样的怀疑,大骗子在规避管控措施。例如,在这样的管控下,由于强制要求使用收银机,小商贩再也难以经营黑色产业。他们恰好有自己的律师。

在经济事务方面,法学思维的局限性通常是可以理解的,也不会妨碍到它在生活中的运用。然而,一旦这种思维渗透到、并企图占据我们的情感世界,有效的行政管理和对国家事务正当的财政支持就会从好事变成折磨。当我们坚信自己的设想能够成功时,受情感控制的决定、经历和行为方式就会发挥最大的作用。而法学在本质上着眼于失败,着眼于以下这些问题:如何处理个人与法律之间的冲突,以及——如果失败了,合同被撕毁,法律被破坏——由此产生的罪责该如何分配。

虽然伴侣疗法*非常有用,但如果遇到无法调解的夫妻对对方的指责,就会带来这样的哲学问题,婚姻火热的开端如何会变成离婚战争的冷漠世界。分析表明,在这种情况下,这些火热的开端并没有延续到为彼此考虑的共同温情中,而是被淡化了。当对感情永远炽热的幻想破灭,激情的维护者变成了刽子手,且不得不用冷酷来惩罚对方时,火热的开端就变成了冷酷,因为似乎没有其他出路。

我一直在寻找恰当的比喻来说明法学的、二元对立的思维和带有同理心、创造性的思维之间的区别。冷思考、暖思考让人想起丹尼尔·卡尼曼**(Daniel Kahneman)那本很棒的书《思考,快与慢》(*Thinking, Fast and Slow*)。[6] 现在,思考往往全然与冷漠联系在一起,例如,"冷酷的"数学被放在"温暖的"同理心的对立面。心理学学生努力对病人换位思考,理解并帮助他们;但这一努力的热情在学业的第一个学期就被劈头盖脸的数据冲淡了。

因此,我们需要更多的类别,像(冷漠的)狭隘和(温暖的)广博,封闭性和开放性,严肃和游戏,才能更接近"思想温度"的丰富性。我们注意到:

> 冷思考越是渗透到我们的经历中,我们就越难以接受期望的落空,以及在失望后不为所动地继续前进。我们越是致力于

---

* 伴侣疗法指的是一种试图改善爱情关系和解决人际冲突的尝试。——译者注
** 丹尼尔·卡尼曼,以色列裔美国心理学家。因提出前景理论,获得2002年诺贝尔经济学奖。——译者注

揪出罪魁祸首,越是沉溺于这些问题——是否可以为受到的侮辱要求赔偿或者将司法系统当作复仇工具——留给我们应对当前问题的力量和注意力就越少。

海因里希·冯·克莱斯特*(Heinrich von Kleist)在他的研究报告《木偶剧院》中对这种法学的、评价性的、归咎性的思维——冷思考——作出了令人印象深刻的描述。他将其描述为一种破坏性的力量,让我们的行为不再优雅,使我们作为人类更加难以理解、体会他人的感受。探究性、前瞻性的思考,以及温暖的同理心是社会必须(重新)具备的能力。屈从于法学思维而导致精力浪费和生活质量下降的第一个例子是医学和心理治疗防御性的发展。[7] 在接下来的八个章节中,我将在不同的社会领域中进行搜寻,以此来对冷思考和暖思考的比喻进行说明。

---

* 海因里希·冯·克莱斯特(1777—1811),德国诗人、戏剧家、小说家。——译者注

1. 濒危的健康
医学和心理治疗中的冷思考与暖思考

德国的医生协会时不时会遭到这样的投诉：医学的诊疗过程"规范过了头"。传统上，医生们按着自己的良心行医，遵循着希波克拉底宣言*中所总结的特定道德规范。这样的道德规范和医生的职责相连，但不具备工作范围以外的权力。本着自己的良心和行医之道，医生制定了这一自由职业**中的法律，历史短得多的心理治疗也借用了其中的一些规范。

现在，法律、规定、准则和所有对自由可能的限制都在不知不觉中进

---

* 希波克拉底宣言，是西方医生传统上行医前的誓言，希波克拉底是古希腊医者，被誉为西方"医学之父"。在希波克拉底所立的这份誓词中，列出了一些特定的伦理上的规范。但希波克拉底有可能不是这份誓词的原作者。——译者注
** 在西方国家，大多数医生不受雇于机构，而是经营自己的诊所，自负盈亏，因而医生属于自由工作者，医生这一职业属于"自由职业"。——译者注

入了这一自由职业,主要是以医疗保险医师协会*的形式。在德国,该协会规范操作,将操作分解为各个步骤,规定每个步骤的花费,并在州议会里和有着强大影响力的公共医疗保险公司(里面大多数是数学家和法学家)一起,共同掌控着医生的工作收入。

在实际操作中,公共医疗(保险)体系中的医生需要履行"病历义务"**,而这一点显然违背了自由职业的准则,即自由职业不需要遵从任何指示。先是医生的决定权受到法律的约束,但又有人抱怨说,医生们现在学会了运用法律条款,有时候还会歪曲条款,以此来补偿自己。

科隆大学医法研究所的克里斯蒂安·卡岑迈尔(Christian Katzenmeier)在2009年警告医生协会,要警惕对医生职责过度规范的后果:"在一个由条文支配的世界里,医生们按照法律规定而不是他们的良心来做决定。"[8] 一旦医生担心病人会和他们对簿公堂,医学就变味了。"法律化的医学可能会变成防御性的医学。它要么做得太少,因为它不敢冒任何险,要么做得过多,例如在诊断措施方面,以确保自己在任何情况下都不被追责。"[9]

---

* 医疗保险医师协会,德语原文为 Kassenärztliche Vereinigungen,是德国所有获医疗保险机构认可的医生组成的协会,是德国法定医疗保险(即公立医疗保险)系统的组成部分,其职能包括确保法定医疗保险的受保人能获得高质量的医疗服务,保障医生的权益等。在德国,只有获得法定医疗保险认证的医生才有资格为拥有法定医疗保险的患者提供治疗。——译者注

** 病历义务,德语原文为 Dokumentationspflicht,指医生要记录对病人的每一项治疗措施及效果,这项义务在2013年被写入新修订的病人权利法(Patientenrechtegesetz)中,是民法典第630f条。——译者注

哈佛大学公共卫生学院的大卫·斯塔德特(David Studdert)和他的同事共采访了美国824名医生。有94%的医生说，他们采取防御性的诊疗方式，以避免责任诉讼。92%的医生把病人送去做额外的检查，尽管他们认为这些检查是多余的。43%的医生说，出于谨慎，他们会推荐病人去做X光，哪怕并没有必要。容易出现并发症的治疗、症状复杂的病人和那些看上去随时要投诉的患者，很多情况下在尝试预约看病时间时就遭到了拒绝。

防御性的过度治疗不仅增加了医疗费，也增加了并发症的几率。美国司法系统规定的惩罚性赔偿(punitive damages)最高可达上百万美元。这对于业内的律师来说有极大的利益可图，于是他们直接在医院大厅里提供服务。如果病人不满意，律师们就起诉医生；如果胜诉了，病人和律师就分摊赔偿金。

有些专科医生需要支付的第三方责任险金额* 高到他们不得不关掉自己的诊所。在美国，若难产导致婴儿残疾，有相当多的赔偿程序要走，不仅是第三方责任险的保险单金额远远超出了平均值，剖腹产的费用也相当高。剖腹产手术能够让分娩过程得到更好的控制，妇科医生也会得到很高的报酬。他需要这笔报酬来支付保险金。没有人关心产妇会由于没有必要的手术而遭受心理创伤。据多年前的估计，在美国，防御性医疗所带来的额外成本将超过一千亿美元。[10]

---

* 第三方责任险是西方国家的一种保险类型，投保人若由于无心之失给他人造成损失，保险公司将会进行赔偿；对于医生这一群体来说，购买第三方责任险可以帮助他们在出现医疗纠纷时去面对高昂的诉讼和赔偿费用。——译者注

那个友善的眼科医生说了，他建议我做的白内障手术完全不复杂，也基本上都能成功。我放心地面对手术，直到门诊助理给了我一张表格，让我签字确认收到。这张表格上写着，我已被告知失明的风险。在手术前夜我便再也无法安睡了。

考虑到病人的情绪状态，他们需要一个告诉他们要做什么的协助者，他为医生建议的治疗手段负责，避免病人对此产生怀疑或恐惧。然而，司法的出发点是，成年公民的利益必须得到保护。在他决定接受特定的治疗之前，要告知他所有的风险和副作用。

这种告知所具有的防御性质和它造成的弊端一样，都被忽略了。冷思维把人变成算计者。他需要尽可能多的信息——不是为了提出富有建设性的构想，而仅仅只是为了在抽象上、原则上构建一个防御系统，这样医生和他的保险就可以免遭索赔。这种思维的核心目的在于控制。它要引导事件，扼杀不受它待见的变数。

多年来，我一直从事培训工作，在机构中担任过各种角色。我得出了这个结论：我们的培训法规一开始只规定了少数几个方面；但它有了很不好的倾向，那就是它变得越来越事无巨细，直至塞满了厚厚的文件夹。增加法规的目的主要是尝试在出现纠纷后避免问题。而这些繁杂的说明又导致了新问题的产生，于是人们又讨论如何修改章程，并实施新的规定，以适应新情况。在我离开担任了15年的名誉职位之前，我已经养成了这样的习惯，在原则上反对修改规定，因为，由此造成的混乱也许会带来更多新的问题——和新规定所能防止的相比。

冷思维是防御性的。它的出发点是：人不是凭借洞察力与对合作的追求在做事，而是只能借助对于受制裁的恐惧来约束自己。因此，委员会很容易忽略这一点：有多少候选人或员工在没有进一步的指导和监管的情况下，完美地履行了他们的职责。人们行为中温暖的常态性被忽略，被说成是不值一提。人们把精力放在了这些问题上：什么是对的，什么是错的，谁要为失误承担责任。

在防御性的医学中，对于病人的协助者来说，同理心不再足以作为关照受苦同胞的精神基础。病人是潜在的敌人，等着状告医生或药剂师，因为他们没有告知他，人类的一切努力都是有可能失败的。只有当这个饱受折磨的人事先完全接受了失败的种种可能性之后，他才能得到治疗。因为这样一来，医生就能冷酷无情地把同意声明往他面前一放，说："你已经签署了同意书，你已经声明了同意，而我做的每一件事都没有差错。你自己看看吧，你还有什么不满意的。对此我可不负责，你也别想把我告上法庭！"

这是一个恶性循环：医生的冷漠催生出冷漠的病人。每个人第一时间想到的是自己的权利，而且紧抓着它不放。当我们把"我不会伤害到那个人，他已经投保了"或"我无所谓，我已经投保了"这样的格言当作行事准则的时候，我们从来不知道，我们对保险的狂热到底催生出了多少冷漠和不信任。

今天，我们都对"反安慰剂"[11]很熟悉，那些对病人造成伤害的沟通也属于此，因为这些沟通让病人坚信自己受到了重病、久病不愈和死亡的威胁。和反安慰剂相反的是安慰剂——它们是惰性的化学物质，只有在病人相信它们对自己有好处时才有效果。在对付疼痛和失眠方面，它们的效果不亚于"真正"的药物。相反，当病人不认可医生的治疗方式时，反安慰剂实际上就成了毒药。

　　法学思维在卫生行业中就是反安慰剂。原则上，它关注的是不好的结果、违法行为和对规则的破坏，这些都需要通过不断细化对法律的修正来避免。因此，应该尽可能让这种思维远离那些胆怯、缺乏安全感、易受负面暗示影响的人。和法学思维紧密相连的是客观化思维——这种思维倾向于构建因果关系。一旦这种关系是建立在对世界的魔幻视角上的，它就会导致后果严重的错误。暴风雨毁坏了庄稼，一个孩子死了——横遭灾祸的人们认为是女巫在作祟，于是把她揪出来，扭送到法庭的刑讯室，并烧死在柴堆上。

　　然而，如果忽略了身体-灵魂活动的复杂性，即使乍看之下完全是生理层面的因果关系也会出错。这样一来，当医生根据一张脊柱的X光片来向病人"解释"他背部的疼痛，而没有提及还有满大街脊柱有类似问题的人没有觉得痛时，X光片也会成为反安慰剂。有一则轶事说的是，在一次进修讲座上，一位德高望重的老神经科医生展示了一张X光片，并请在座的医生们诊断患者的症状。医生们一致认为，这位患者病得很重，疼痛发作的时候几乎动弹不得，有可能长期卧床。在他这个年纪还行动自如的讲者乐了："亲爱的业界同仁们，你们刚才看到的，是我的脊柱的片子。"

　　一群专科医生通过X光片和"客观"的解释确诊了患者的病痛，而另一群人——例如医院的心身科和疼痛门诊*的医生——却通过正面暗

---

* 疼痛门诊是医院一个特殊的门诊部门，其宗旨在于治疗那些看起来病因不明或在其他门诊难以治疗的疼痛疾病。——译者注

示、放松和心理治疗,试图推翻专科医生负面的暗示与确诊结果——这是当代医学众多悖论中的一个。就像折断骨头比愈合快一样,反安慰剂的负面效应同样是迅猛而持久的,而纠正它却需要大量的时间,已经造成的伤害往往也无法完全治愈。

法律规定药物包装里要包含的说明书,是理解整个反安慰剂文化困境的钥匙。这一张说明书象征着法学思维渗透进患者的世界里,而大多数患者对此已经习以为常。它同时也印证了心理学思维的式微,相比之下法学思维则大行其道。人们认为。法学思维的这种优势为走向解放作出了决定性贡献。这就导致了一个后果,即有相当大一部分医生开的药物都被扔进了垃圾桶,因为病人看了说明书上对药物危险性的警告,就宁可不吃药了。

AOK*保险科学研究院 2005 年 11 月发布的一项调查显示,在德国,大约三分之二的患者会看药品说明书,三分之一的人看完说明书后心生不安,此外还有大约三分之一的患者停止或根本不服药。[12] 在这种背景下,这一做法是可以理解的:联邦法院在当年的一项裁决中判定医生有义务向病人解释药物的风险和副作用,不管说明书上写的是什么内容。如果开药的医生没有履行这项义务,他就有可能要对此承担责任。

法学思维遵循的是逻辑和条文。对于秉持这种思维的人来说,如果药物说明书上写着,危险的副作用只发生在极少数情况下,那么人们

---

* AOK(Allgemeine Ortskrankenkasse)是德国的一个保险公司。——译者注

就不会对它留下什么印象,这一点是不言而喻的。然而,心理学家必须正视这个事实,即人类思维如果真是那样的话,就不可能会有彩票这种东西。想想风险研究人员的研究:像飞机失事这种极其罕见的危险所引发的恐惧,要比在家里出意外这种相当常见的危险多得多。暖思维深知,我们对于危险的感知无法根据数据整齐地进行排序。相反,那些罕见却戏剧性的危险,远比常见但无聊的危险更能塑造我们的想象力。

那些设身处地为病人着想的医生,他们的细心周到让患者十分舒适。可他却没办法为这些品质收费。当他们忘记让患者阅读就医须知并签字——这可以让他们的处境更加安全——而面临赔偿程序时,这些品质也无法为他们提供保护。

相反,有些医生则肆无忌惮。他们仅凭模糊不清的检查结果就忧心忡忡地宣称,屏幕上的那块阴影有可能是恶性肿瘤,并安排了进一步的检查。于是病人失眠了整整一个星期,用来和恐惧搏斗,撰写遗嘱——而当使用分辨率更高的仪器进行彻底的检查后,发现怀疑的肿瘤并不存在,那可能只是肠子里的一个气泡时,他大概还是会心情舒畅,如释重负。

听到这个故事的人可能会产生这样的印象,有些医生喜欢一上来就让病人陷入恐慌,然后再像一位妙手神医那样,把病人从恐慌中解救出来。事情也许就是这样的,操心太多总会有代价。孕检尤其危机四伏:先是怀疑胎儿先天畸形,然后又推翻了这个假设。

治疗前的"启蒙"

在一次心理治疗开始的时候,有一个焦虑不安的人,希望能在谈话中缓解自己的焦虑。弗洛伊德关于进行治疗的经典建议中考虑到了这种情况。治疗从"尝试"开始。在谈话的过程中,医生会弄清楚病人需要哪种形式的帮助,他的要求能否实现,他是否想要接受更进一步的治疗,进一步的治疗是否有用,还是说一张解释目前症状的诊断书就足以缓解他的焦虑,能够让他逐渐好转。

在这种情况下,弗洛伊德引用了约翰·内斯特罗伊*(Johann Nestroy)的戏剧《被撕裂的人》**中的一句话:"随着事情的发展,一切都会变得明朗起来。"[13]

现在,如果临床医生遵循医生协会提出的建议的话,那他就做不到这么体贴了。相反,在治疗开始之前要先履行防御性义务。医生要对病人进行"**启蒙**",原则上也要向病人说明尚待观察的问题。在2015年发布,并经社会事务部批准的黑森州心理医师协会职业规范(具体的规定

---

* 约翰·内斯特罗伊(1801—1862),奥地利歌手、演员和剧作家,他的作品反映了当时在整个欧洲传播的新自由主义精神。——译者注

** 《被撕裂的人》(*Der Zerrissene*),是约翰·内斯特罗伊创作的一部戏剧,于1844年在维也纳上演。剧中的主人公利普斯(Lips)自称为"被撕裂的人",一方面他的财富让他在生活中感受不到乐趣,另一方面又觉得自己离不开金钱。——译者注

和其他医师协会颁布的相比几乎没什么不同)中写道:"治疗的方式、范围、执行、预期的效果和风险,以及诊断或治疗的必要性、紧迫性、能力和痊愈几率。"医生在向病人说明这些问题的时候,"也应该提及治疗措施的替代方案"。[14]

那些宁可把注意力放在受苦病人症状上的医生会很想要分发说明单子。就像银行顾问一样,让病人在复印件上签字。这是个荒谬的手续。为了"启蒙"病人,医生需要首先对他进行了解;而在没有进行规定的"启蒙"之前,医生根本不允许开展工作,这种情况下又谈何而来的了解呢?

发布这项规定的人,他所依据的对于诊断和治疗的理解与生活相去甚远。一个由法学思维掌权的世界只会带来伤害。这种思维是传教式的、无礼的,就像传教士去规定原住民的着装一样。那些原住民已经在上百年的历史中形成了适应当地环境的生活方式,可当他们中的大多数人犹犹豫豫地决定反抗这种入侵时,已经太晚了。

我在一篇关于澳大利亚的游记里读到了"衣服树"的故事,这个故事给我留下了深刻印象,因为它体现了一种文化防御机制。这一点可以从"家庭治疗"中看出来:母亲根据自己的想法给女儿穿"正确"的衣服,女儿无法公然反抗母亲,于是她在上学路上先去了朋友家,那里藏着她的紧身牛仔裤和性感 T 恤衫。

澳大利亚的"衣服树"在站点附近的树林里。在这个站点里,传教士给当地居民分发面粉和糖——条件是他们穿得像个

"基督徒",而不是作为光着身子的异教徒来参加祷告。原住民虽然宁愿继续按照祖先的习惯进行狩猎和采集,但他们也不想放弃这份礼物。于是,从野外来的人就可以从"衣服树"上拿衣服,给人留下衣着得体的印象——这么做是值得的。

那些管理其他心理医生的心理医生忽略了他们自己学科的科学基础,却转而采用法学思维。在这场法学和心理治疗的权力争夺中,落败的一方已经注定;就像在一场混战中,害怕给对手造成伤害的人一定会落于下风。医生会设身处地地理解别人,不愿意吓唬对方。法学家却不会有这样的顾虑。

非律师人群在反驳律师时总是犹豫不决,最好根本不要和他们起争执;充其量就是暗暗希望自己能摆脱他们的控制。在同事面前,特别是在关系好的同事面前,人们会承认自己没有遵守哪些规定,没有履行哪些文件义务。但在国家官员和行会代表面前,这些话是不会说出来的。假如有人在研究所理事会或心理医生协会的代表大会中寻找有自信的治疗师,一起抵制法学的干涉、无意义的控制或文件义务,那他很快就会发现自己孤立无援。

许多研究都证实了,和患者的个人关系是治疗性干预最重要的载体。发展一段关系需要时间和空间。任何模式化的"启蒙"都会阻碍这个过程,还可能会干扰到它,对实现整体目标不会有任何帮助。

这种姿态是空洞、令人恐惧的,把它发明出来的人既没有能力设身处地地理解参与治疗的两方,又不尊重专业人士的专业知识。然而这些人却坚信自己更清楚什么是正确的。他们甚至还可能相信，威胁医生有利于维护病人的利益。

"启蒙"和文件义务从法律的角度上看是重要的。如果医生没有完整地履行这些义务，他们会在面临伤害索赔时失去保护，从长远来看还存在这样的威胁：被行业协会撤销资格认证。

如果我们列举出所有能想到的危险——就像在药品说明书上那样，心理治疗的风险一定是令人印象深刻的。病人情况恶化，出现和伴侣或父母的矛盾，病人爱上了治疗师——这些都是有可能的。有些治疗方法得到了认证，但还有更多的方法仍未得到官方的批准——医生应该向病人说明所有的治疗方法吗？因为他确实有义务告知病人可供选择的治疗路径。

在这一点上，人们会觉得这是在打官腔。在医学上，有保守治疗和手术治疗两种手段。整形外科医生应该向病人说明，他是需要一个人工髋关节，还是通过理疗就能减轻疼痛。但心理治疗却不太具备可比性。

卫生行业的防御性措施所造成的问题比它们能解决的多。为了淘汰不负责任的协助者，医生和病人都被灌输了一种印象；这种印象让他们不得不放弃对他人的信任，采取抵御风险的做法。病人坐立难安、心惊胆战地去寻求帮助，遇到的情况却往往是，医生例行公事般地告诉他，所有的治疗方法都有并发症，而他——作为病人——无疑最清楚什么对他来说是好的。决定权毫无疑问都在他。

只有对陷入昏迷的病人，外科医生才能毫不犹豫地运用他的医学技能。这么说来，作为一个病人，我必须失去意识，医生才能立即对我展开救治，而不是先让我担心会出现什么副作用。

　　对病人的"启蒙"是一个无法解决的问题。协助者应该把这个问题留给律师。他们致力于最大限度地抵御风险，出发点是理性的法律主体。对病人的"启蒙"是一个真正的困境，只有通过对每个病人的同理心才能得到改善。这一问题每每让那些正直的医生或治疗师犹疑不定：该往哪个方向走；如何在不给予病人虚假希望的前提下避免消极的暗示；自己是给病人解释清楚了他的病情，还是让他感到不安；自己是帮助病人做出了有坚实医学根据的决定，还是给这些承受着病痛的人们带来了恐惧，从而增加了他们的痛苦。

　　唯一可以明确的是，协助者正在做的事情是宣布这一难题在法律上已经得到了解决，并从中退出。

猜疑的入侵

　　自从医疗"启蒙"成为媒体话题以来，控制与信任之间的矛盾日益加深，已经到了无法解决的地步。潜在的病人现在的状态越健康，他被施加的心理压力就越大。因为医疗-学术-产业综合体的利益来自对尽可能多主观上健康的人做"预防性"检查，以此来发现早期的疾病。

　　和时尚、汽车或香水的广告不同，这类检查的宣传没有诱人的图片和提升生活质量的承诺。它以科学的形象出现，一手细数致命的危险——癌症、心肌梗塞、中风,另一手给出救命方案。

它所建议的检查过程有时候并不愉快,甚至带有风险,比如说做肠镜检查。这些检查常常让我们怀疑器官的自我调节能力,怀疑自己是否具备这样的能力,分辨身体的难受是需要严肃对待,还是说它只是那些每天来了又走的不适感——只要我们不把它看作是疾病。

在许多结肠镜的宣传广告里——这种检查由于大家都能理解的原因而相当不受欢迎——与之利益相关的专家们看似好心地散布恐慌。

"您是否已经45岁了,自我感觉身体很好,喜欢什么吃什么?您是早期肝癌的典型目标!来做检查吧,这样您就能继续无忧无虑地生活下去了!"

其实,卫生部门最重要的任务,应该是尽可能消除人们的恐惧。因为恐惧会以不同的方式让人们生病。它是失眠和植物性肌张力障碍、自身免疫性疾病、肌肉和四肢疼痛、呼吸困难、哮喘、肠胃病、慢性湿疹和其他许多疾病的幕后黑手。它是人类文明中悬而未决的问题。在施加给精神系统的压力和反压力下,恐惧会让人体超负荷运转,就像在被劫持的计算机后台运行的系统程序一样,因为这些程序是隐藏的,用户无法发现。* 因此,慢性、隐性的恐惧更为常见,它会让人心力交瘁,进而发展

---

* 网络黑客让计算机感染病毒,从而秘密对电脑进行远程操控、窃取数据,还可以把这台电脑用于犯罪目的。——译者注

成抑郁症。

人类的恐惧反应与早期的狩猎、采集生活相适应。在那个时候，除了进攻和装死，人类和行动敏捷的动物都可以通过撤退来保住性命。而到了文明社会，对剑齿虎的恐惧早已变成对于失去内心安全感的恐惧，这种安全感与身份认同、内心的罪恶感和羞耻心紧密相连。

恐惧是情感冷漠的产物，也是导致情感冷漠最常见、最危险的原因。父母要监护子女，为他们提供良好的生活条件；面对让孩子习得充足社会竞争力这一艰巨的任务，他们还要做各种准备。面对这些任务，受过良好教育的父母也很难维持感情的温暖和内心的安全感。出于对孩子"一事无成"的恐惧，他们经常变得冷漠。而身处这种冷漠中的孩子无法健康成长，这样一来又加深了父母的恐惧。

如果有人去观察医疗保健系统的现状，那么他会发现许多和精神卫生学相违背的做法。人们费尽心思和手段来让大家感到恐惧与不安全。这些心思和手段披着控制、启蒙和关怀的外衣，然而由于它缺乏暖思考，且推行者的自以为是导致他从未思考过其阴暗面，所以其结果并不令人愉快。

冷思考要求人们在 18 岁时要么放弃身上幼稚的一面，要么完全让理性取而代之。因为这样一来——也只有这样，当媒体又对治疗中的失误和失败大肆渲染时，那些没犯错误的医生才能维持他们在潜在患者心目中的形象。建立信任很难，摧毁它却很容易。

在一次大规模的新闻研究中（这项研究出版了许多作品，包括一本总结性的书），来自南德意志报、西德广播公司和北德广播公司的记者在

2018年秋天报道了许多和移植相关的弊病：松散的控制，暴利，接受手术的患者由于假体有缺陷，其健康遭到损坏。

> "一项全球性的研究发现了危险的弊病。政策已经容忍这些弊病很多年了。医疗产品系统视患者的信任为儿戏。信任，对我们所有人来说，会带来灾难，甚至是致命的后果。"[15]

在某个时候——很晚，声音也很轻——会有这样的报道：这些信息会给那些已经做了移植的人们带来什么影响。

人体对于外来的异物多少都会有剧烈的反应，这些反应也包括心理上的，它可能在暗中产生影响，也可能以意想不到的疼痛显现出来。当病人——忽略掉偶尔的不适感——到现在为止对于心脏起搏器、人工膝关节或胸部的硅胶填充物感到满意时，会有这样的危险：那些颇为可信的传闻——关于毫无底线的唯利是图者、失败的手术、有缺陷的植入物，以及出现这些问题时对医疗保险公司不作为的愤怒——会损害到病人积极的自信心。

> "世界最大的医疗产品制造商美敦力公司生产的一款心脏起搏器让患者遭受到危及生命的电击(……)。"[16]

我曾经实际观察并研究过这些反应。这是我的职业，但这一工作让我觉得不太愉快。在不背离专业新闻报告的原则下，对心理压力多一些同理心能够减少痛苦。

我从未考虑过要采纳禁止新闻报道的建议,而是想让媒体更清楚地认识到自己的权力——不仅是掌控思想,还有操控心理感受。他们对于怀着同理心去对待接受信息的人缺乏兴趣。那些活跃在新闻生产线的人——从作者到摄影师到编辑——都以制造噱头为目标。他们不惜一切代价地博取关注,却似乎从未正视过这样一个问题:那些被灌输了媒体上的信息并被其说服的人,他们在内心最深处被某些东西触及和伤害,在他们身上发生了什么,这对于作者来说无关痛痒,是作者为了自己的利益而贩卖的商品。

诊断与治疗

心理学的治疗手段从治疗性的谈话开始。在谈话中,医生对疾病的类型和可能的治疗方案逐渐有了更精确的判断。医疗程序遵守着这样的规则:先诊断,后治疗。从心理医生那里我们希望得到同情,从外科医生那里我们则想要有效的治疗,并自愿为此牺牲同情——取而代之的是对目标冰冷的追求。当我横遭不幸,无助地、血淋淋地躺在大街上时,我不想要急救医生的同理心,而是当机立断的治疗。专业的模式应运而生,以应对这种极端情况。战争时的包扎站就是一个例子。

一个卫生兵要同时照顾多个伤员。感性的卫生兵会从第一个送来的伤员开始治疗，尽一切可能提供帮助。但在有经验的医生看来，这种处理方法是错误的，因为这个伤员很有可能受的是致命伤，半小时后就在治疗过程中死去了。而在这段时间里，卫生兵本可以去救助其他人。"三分法"由此产生：医生先大致查看一遍伤员，把他们分为三组——不需要救助也能存活的轻伤员，再多的治疗也救不回来的重伤员，以及处在两者之间的、通过医疗救助能够存活下来的伤员。

从这种分诊治疗*中我们可以看到冷思考的必要性。对于伤员所面临危险的抽象认识使专业过硬的医生能够和自己的同理心保持距离，利用有限的医疗手段尽可能救助更多的人。诊断的原则是，克制同理心，并快速作出判断。与之相反，心理治疗强调的是同理心，且避免作出自己的判断，因为这些判断会妨碍到建立以信任为特征的情感关系。

然而，自从自然科学展现出它的说服力以来，诊断中的独断专行，乃至于冷酷无情的控制一直是精神病学历史的鲜明特征。可以这么说，早在人们有机会推广科学思想之前，神经系统诊断就已经被用于歧视和压迫了。一个很好的例子是在美国南部执业的医生塞缪尔·卡特赖特（Samuel A. Cartwright，1793—1863）。他发明了两种专门针对黑人的诊断方法，其中包括"逃跑臆想症"（也称漂泊症**）。他宣称，就算是吃

---

* 原文为 Traige，是军事医学中的一个术语，用于决定如何分配稀缺的人力和物力，例如在大规模人员伤亡的情况下。——译者注

** 漂泊症（Drapetomania）是卡特赖特在1851年提出的，他认为是这种精神疾病导致了黑奴逃跑。现在，漂泊症被认为是伪科学的一个例子，是科学种族主义的一部分。——译者注

饱喝足的奴隶有时候也会犯这种病。要治疗这种病，最好是用鞭刑。第二种病是"懈怠症"*，指的是非洲黑人病态的懒惰。[17]

在之后的一篇文章中，卡特赖特对旧约进行阐释，并对非洲蛇崇拜进行彻头彻尾的臆测，以此来解释他的种族主义幻想，证明《创世纪》中诡计多端的蛇是个黑人。和上帝对蛇的评判相似（肚子贴着地蠕动，以尘土为食），黑人也会去吃泥土，必须要奴隶主用铁嘴笼来阻止他们。卡特赖特一方面声称黑人极其狡猾，诡计多端，每一个白人都可能上他们的当，很快却又转头强调起白人具有绝对优势的智慧，完全没有意识到这里的自相矛盾。

当卡特赖特争辩道，那些支持废除奴隶制的人都被黑人蒙蔽时，这一矛盾得到了部分解决。他声称，缺乏在南部各州治疗经验的白人医生没法治好黑人。只有南部有经验的医生才能更好地照顾他们——如果没有这样的医生，那就找种植园监管人。北方各州的药物与其说让他们康复，不如说让他们患病。

欧洲也采纳了这种"诊断术"。

> "奴隶逃跑的事件时有发生，并且找不到他们这么做的直接动机，因为这些奴隶得到了良好的对待，吃饱喝足，也没有过重的劳动（……）。这一事实经常用于证明非洲种族的忘恩负

---

* 懈怠症（Dysaesthesia aetiopica）是卡特赖特在1851年提出的理论，作为奴隶懒惰的原因。在当代，懈怠症被视为非正统科学以及科学种族主义这种巨大思想的一部分。——译者注

义和道德败坏。然而,我想,如果找不到其他原因,那就是人类都有向往自由的本能,和家畜与鸟类的野性一样,这种本能反复无常。是的,路易斯安纳大学那位学识渊博的卡特赖特医生认为,奴隶受到一种特殊精神疾病的困扰。他把这种病命名为漂泊症,其症状是难以抑制的逃跑冲动,就和一些猫的疾病一样。在一份在南部极受推崇的文章中,(……)那位医生断言,只要严格遵照医嘱(……),这种令人不安的逃跑狂热完全是可以避免的。以下是它的症状和根据经验总结的常用治疗方法:在奴隶逃跑之前,在不感到恐惧的情况下,他会情绪低落、感到不满。要消除造成这种低落和不满的原因,否则他们就会真的逃走(……)。如果没有找到原因,医生的建议是,把患了逃跑狂热的奴隶(……)'鞭打一顿'——这也是解决大部分漂泊症的经验之谈。"[18]

卡特赖特认为只有部分非洲人患有"逃跑臆想症",但在他看来,实际上所有奴隶都患有"懈怠症"。种植园监管人则干脆把这种病称作无耻行径(rascality)。它的典型症状是皮肤部分不敏感,且明显嗜睡,这使得奴隶看上去昏昏欲睡。这种嗜睡的症状主要出现在孤身一人的奴隶身上。他们独自生活,没有白人来指导和照顾他们。

在这一"诊断"中,这位有种族主义倾向的医生描述了这一种疾病。在有关纳粹集中营的报告中,我们也能看到这样的描述。然而,普里莫·莱维*（Primo Levi）的分析清楚地说明了，人的嗜睡症状和种族根本毫无关系，而是由毫无尊严的生活条件造成的。[19]

卡特赖特诊断为"非洲麻木"的症状，被集中营的老兵们用来描述"穆斯林人"（Muselmann）：这些"穆斯林人"虚弱，生存希望渺茫，对周遭漠不关心，也不再垂死挣扎，以求在甄选中不被挑出来。这一表达方式或许来源于宿命论——基督徒认为穆斯林都相信宿命论。在阿拉伯语里，穆斯林是伊斯兰教徒；土耳其人吸收了波斯语中的词汇"musliman"，并将它德语化了。**,[20]

人们可能会觉得对卡特赖特的关注是荒谬的。毕竟，和1945年集中营的解放者一样，美国奴隶的解放者也赢得了战争。然而，从滥用中我们能够看到运用它的危险。实际上，每一种物化他人、采用"铁律"这一冷思考所作出的诊断，都是在为种族主义添砖加瓦，这是人类狂妄自大的证明，总想把其他人踩在脚下。

如果我们认清从经验中总结的现实，就不会再有这种自以为是的诊断。比如，罗伯特·科赫***（Robert Koch）在证明肺结核是由细菌引起

---

* 普里莫·莱维(1919—1987)，犹太裔意大利化学家、小说家，著有《如果这是一个人》、短篇故事集《元素周期表》等作品。——译者注

** "musliman"一词由两部分构成："musli"，意为"穆斯林"；"man"，意为"人"。"musli"对应德语词"Muselmann"中的"musel"，"man"则对应"mann"，因此作者说土耳其人将这个词"德语化"了（土耳其人是德国最主要的外来移民群体）；又因为"Muselmann"这个词的字面意义为穆斯林人，宿命论与穆斯林文化相连，因而作者说这一表达方式可能和宿命论有关。——译者注

*** 罗伯特·科赫(1843—1910)，微生物学家，现代细菌学创始人之一，1905年，因结核病的研究获得诺贝尔生理学或医学奖。——译者注

的之后，便推翻了之前的判断，即患上肺结核是因为纵欲过度。因此，为频繁出现的"神经疾病"寻找生理学解释，这一需求和医学科学本身一样古老。传统的命名也有这种需求——精神衰弱症，精神病，歇斯底里症，忧郁症：所有的这些都是出于虚伪和自大的诊断，让诊断的医生产生了超出症状描述范围的印象。

如此说来，神经炎是有解剖学基础的严重神经发炎，而"神经衰弱"（从古希腊词源上看，"神经炎"与"神经衰弱"和"关节炎"有类似的词源）*这一名字则是医学方面无知的遮羞布。它让我们回想起那个医生用拉丁语看病的时代。由于做礼拜时也使用拉丁语，于是这一光辉也照到了他们的身上。同样地，在古希腊传统中，患上"歇斯底里症"这种疾病的是性欲得不到满足的女性。她们的子宫（希腊语 hystera）在体内错位，并从和它差别最大的器官那里吸食白色的神经物质，它觉得这是令人垂涎的男性精液。连弗洛伊德都鼓吹用医疗笑话来治疗歇斯底里症："Penis dosim. Repetetur!"这是拉丁语"来一剂阴茎，多次使用！"然而，他已经确信不论是男性还是女性都会患上这种病。[22] 他在维也纳的一个医生座谈会上作了相关的报告。报告结束后，一位医生走向他并指出，

---

* "神经炎"德语为 Neuritis，"神经衰弱"德语为 Neurose；而关节炎在德语中有两个词，Arthritis 和 Arthrose。Neuritis 和 Arthritis 有相同的词根"ritis"，Neurose 和 Arthrose 有相同的词根"rose"。在德语中，Arthrose 指关节磨损、老化造成的关节疼痛，而 Arthritis 指的是病菌、痛风等原因造成的关节发炎，其症状不仅是疼痛，还包括关节肿胀、发热。而之所以说"'神经衰弱'是医学无知的遮羞布"，是因为这一表述在许多欧美国家已经被弃用，改用划分更为准确、细致的名称来描述原先被归类于这一名词下的病症。——译者注

男性不可能患上这种病,因为他们没有子宫。

自从医学试图迎合社会上对异常行为根深蒂固的排斥以来,同样有人试图在医学上对精神疾病进行殖民。在这一过程中,威廉·葛利辛格*(Wilhelm Griesinger)提出了一句教条式的格言:精神疾病都是脑部疾病,并且每种疾病都有物质上的原因。[22] 他的这一论断在19世纪得到了广泛认可。葛利辛格的物质原则一开始并不是没有受到过质疑。作为一名进步的医学生,他由于拒绝去听卡尔·奥古斯特·冯·埃申迈尔**(Carl August von Eschenmayer)的自然哲学和反启蒙运动的课,被图宾根大学退学,只能去苏黎世继续学业。

葛利辛格从未发现精神疾病的解剖学基础。尽管从那时候起,人们从未停止过寻找明确的解剖学基础——今天我们喜欢谈论生物标志物,它可以在许多传染病病人的体液中检测出来,医学成像技术也取得了巨大的进步,但世界卫生组织(WHO)和美国精神病学协会(American Psychiatric Association,简称APA)最新的分类系统仍然完全没有将这样的标准纳入其中。

一直以来,诊断手册都在能够观察到的行为和口头讲述的病患感受层面上收录各类疾病的症状。这也意味着,医生们的诊断实际上并不是医学意义上的,而是社会学和文化学意义上的。归根结底,它是一个现

---

* 威廉·葛利辛格(1817—1868)是一位德国精神病学家和神经学家,曾改革对精神病患的庇护制度,结合短期住院治疗和自然支持系统,帮助病患融入社会。——译者注

** 卡尔·奥古斯特·冯·埃申迈尔(1768—1852)是德国哲学家和医师。——译者注

代神话，就像托马斯·萨斯*（Thomas Szasz）说的那样。

如果原本属于医学范畴的诊断承载了过多的文化意义，它就会失去其临床用途。"歇斯底里症"就是一个例子。它成为了男性用来贬低女性的描述（"你害了歇斯底里病"）。在新的手册里不再有这种描述，而是被替换成了不带性别色彩的"表演型人格障碍"（histrionische persönlichkeitsstörung）。

有时候，在关于一种诊断的讨论中，我们可以清楚地看到，如果失去了特定的文化条件，那它就永远不会被构建出来——就和"漂泊症"一样。如此说来，如果缺乏这样一种文化背景，注意力缺陷多动障碍就无从谈起：在这种文化中，孩子要能够自愿、安静地坐上几个小时，并把注意力放在抽象的东西上面。如果没有受教育的义务，就不会有患这种病的孩子，更多时候大人甚至希望他们活泼好动一点。传统上，孩子们并不是自愿地持续保持专注。大人很少要求孩子专注。利用害怕挨打、挨骂的心理来逼迫他们集中注意力，这种事情也很少发生。这一传统直到20世纪才发生了改变。

同性恋在很长一段时间里都被认为是不正常的。一直到20世纪70年代还有许多针对同性恋的治疗建议。直到今天人们才普遍接受了这样的观点，同性恋者并没有生病。相反地，对他们性取向的偏见反映出文化上的问题。手淫曾经被诊断为严重的精神疾病，且常常用十分残忍

---

* 托马斯·萨斯（1920—2012），匈牙利裔美国学者、精神病学家和心理分析师。20世纪60年代，他提出"精神疾病是一个神话"的观点，引发广泛讨论。——译者注

的方式进行治疗——现在它在全世界都是再正常不过的行为了。

冰冷的自我认知

"认识你自己。"刻在希腊古城中阿波罗神庙上的这句话,是对受教育者最经常提到的要求之一。在医生和心理学家掌握了看病的技能后,他们常常花费更多的时间来给自己做诊断。对于这一行为,准医生们甚至做出了自己的诊断:morbus clinicus——指的是医学生在医院实习期间患上的病。他们每天都和各种病症打交道,导致自己也觉得自己生病了。

在大多数情况下,这个在学业期间疑神疑鬼的时期都被压抑住了。甚至于经常出现的情况是,这种压抑给准医生们造成了巨大的影响,导致他们变得相当冷淡。他们会提醒病人注意自己身上出现的病症;而当这些症状出现在自己身上时,他们却不当一回事。

A小姐终日惶惶不安,原因是她的心跳。每周她有两节治疗课,并且已经去过了很多次急救室。定期进行的、有些昂贵的检查显示她的心脏很健康。然而,在焦虑中,她认定这一次是"来真的了"。她无法让自己平静下来,而且似乎忘了所有在治疗课上"看到"的内容。只有通过"仪式性"的治疗她才能放松下来。

B小姐已经从心理学专业毕业，结束了行为治疗的培训，并且已经有了几份成功的实习工作。由于她对自己的个人生活十分不满意，她开始了一次深度的精神分析治疗。在这之前，她和男朋友分手了，她认为他患有边缘型人格障碍*。她觉得自己的父亲有强迫症且自大，母亲有抑郁症。她自己也有强迫症的特质。从父亲那里继承的自恋型人格障碍和从母亲身上传染到的抑郁症发作——她在这两者之间反复横跳。医生提醒她：根据医疗规定，医生不能对家人或者自己进行治疗，做诊断也不行，做诊断需要有一定程度的距离。这在与朋友、父母或自己的关系中是不存在的。这位病人反驳道："在培训的时候我们所有人都是这么做的。这没什么大不了的。这只是做诊断，而且我也知道，我没法治好我的男朋友和父母！"

从这样的场景中，人们可以看到冷思考的魅力——甚至是那些知道其阴暗面的人也能感受得到。当我和我男朋友的恋爱关系没法继续下去时，我的心理学知识会告诉我两件事：首先是某种辩解——分手不是我的责任，而是他的问题；其次，获得权力的错觉令人着迷——当他抛弃我，以此来羞辱我时，我就以牙还牙，给他开一张精神疾病的证明。

---

* 边缘型人格障碍是一种存在争议的人格异常，主要表现为一种人际关系、自我意识和情感的不稳定，并有明显的冲动性。——译者注

同样地,那位心理医生也可以对她的父母产生这种优越感:她虽然没法给自己变出更好的父母,让她能"正常"地成长,但她很清楚,父母的哪些缺陷是她自己心理问题的根源。

从这种归因中我们也可以清楚地看到,诊断和过往有多么紧密的联系。这些诊断总结了那些可以概括为偏离正常情况的、相对稳定的异常。对于"认识你自己"的要求,一个开放的、苏格拉底式的回答是:"我知道我什么都不知道!"这一回答是消极的、封闭的,是自我的物化,它为了在充满优越感的评判中得到安慰而牺牲了开放性与发展的意愿。

框架辩论*

如果有人去观察几十年来社会心理学的讨论,那他就会发现其中的周期循环。复杂的过程朝着一个方向锐化,由此趋近一个"解决方案"。然而这个解决方案会因为其片面性而带来新的问题。对结构和等级制度的理想化是其中一个例子,对自己组建起来的团体和学习型机构的理想化会让它陷入死循环。另一个例子是"精益组织"**;数学模型证明,

---

* 框架理论有心理学和社会学两方面的取向;"框架"一方面可以是已经形成的,即人们的认知结构,人们通过这个结构对外界事物进行选择、强调或排除,另一方面"框架"也可以是它的形成过程,即在一个特殊语境中对信息进行筛选。——译者注

** 精益组织,指实行"精益管理"(lean management)的组织,是一种系统性的管理方法,其目标在于提高管理效率,减少对人力的浪费。——译者注

十年以后,其管理人员将不堪重负,绝对有必要引入中层人员。

在这些循环中,总会有新的概念产生。通过这些概念,对历史一无所知的大众相信,好像真的有了全新的视角和卓有成效的方法。心理学和心理治疗就是孵化这种新事物的温床:旧模式用新词装饰一番,就又能吸引到新的顾客了。

能够说明这一点的例子是"框架"的概念(字面意思是把某物装在镜框里)。这个概念用于描述概念的情感背景。主要是在临床的心理干预和催眠的应用中——后来也在心理分析和安慰剂研究中,人们对这种现象进行了深入的研究。这里研究的许多问题都能和这一模式联系起来。按照这种说法,精神病学诊断是一个"框架"。它使一种行为看起来有病,因此是不可接受的,需要治疗。

在 20 世纪六七十年代的精神病学改革运动中,常有人考虑要完全废除精神病学诊断,因为这种诊断在很多情况下都无法用自然科学进行证明,并产生了这样的怀疑:精神病学给上述病症贴上特殊的标签,如此却反倒加重,甚至是引发了这些病症。对于"贴标签"的批判如今又卷土重来。精神病学改革虽然为整个架构带来了一些改变,但它并没有战胜医疗-工业体系的势力。给病人开药仍需要做"目标诊断",如焦虑、恐惧、抑郁。

2019 年 2 月,一篇文章引发了一场激烈的辩论。这场辩论是关于通过框架进行操纵的危险性。它由语言学家伊丽莎白·韦林(Elisabeth Wehling)撰写,并成为德国公共广播联盟的框架手册。突然之间,人们要来判断,利用概念控制情绪的尝试是好还是坏,以及这一领域的、向公共广播公司提出这一建议的科学家是否可信。许多批评者似乎对魔术般的效果深信不疑,而没有对自相矛盾的研究结果进行思考。

人们一直在搭建框架:一部分人说"终止妊娠",另一部分人则说"堕胎";一部分人说"核电站",另一部分人则说"核能"。在第二个例子中,完全没有暗示原子弹的危险,其核心思想是为人类造福的能源。* 框架辩论对我们的主题也非常具有启发性,因为这一辩论同样提出了这个问题,我们的感受是如何被控制、被操纵的。毫无疑问,做到这一点完全是有可能的。然而,不仅仅是评判运用的比喻是更好还是更坏地服务于我们追求的目的,而且还要更进一步地找到更好的比喻——科学是否有这样的能力仍未可知。在充斥着广告与煽动性的经济和政治领域,从业者的创造力目前已经超越了任何一个科学体系。

在框架的研究中,研究人员的预期似乎会影响到结果。人们于是扪心自问,这里是不是也应该进行双盲实验**。在有关框架的一个关键实验中,人们发现了这一点。这个实验是斯坦福大学的保罗·H·希伯德(Paul H. Thibodeau)和莱拉·博格迪特斯基(Lera Boroditsky)在 2011 年做的。[23]

---

* "核电站"的德语是"Atomkraftwerk",和原子弹"Atombombe"有相同的组成成分"Atom"(意为"原子")。而"核能"的德语是"Kernenergie",单词本身不存在与原子弹"Atombombe"的直接联系。因而作者说第二个例子"完全没有暗示原子弹的危险"。——译者注

** 双盲实验,是指在实验过程中,测验者与被测验者都不知道被测者所属的组别(实验组或对照组)。分析者在分析资料时,通常也不知道正在分析的资料属于哪一组。旨在消除可能出现在实验者和参与者意识当中的主观偏差和个人偏好。——译者注

两组被试者拿到了初步的信息。这些信息统计了一个城市的犯罪数据，并用两个不同的比喻描述了犯罪的问题：一个是"犯罪是野兽"，另一个是"犯罪是病毒"，也就是说一个是野兽，一个是病毒。接下来是犯罪的统计数字。再接下来被试要勾选应该采取的行动。在采用"野兽般的罪行"这个比喻的问题中，明显有更多的被试勾选了更严格的惩罚和更多的警力；而如果采用的是"病毒般的犯罪"，建议则更多地指向原因研究和对抗贫困。

出色，优秀，更是清晰明了——直到阿姆斯特丹自由大学的传播科学家克里斯蒂安·伯格斯（Christian Burgers）重复了斯坦福大学的这项实验，却无法得到同样的结果。[24]

框架的拥趸们从不怀疑他们所构建的体系的力量，仅仅只是因为这一体系保证了他们所受委托的数量——不论是来自政党还是来自关注自身形象的公司。他们中的两位，美国人乔治·莱考夫（George Lakoff）和他的德国同行伊丽莎白·韦林共同撰写了一篇题为《社会民主党* 的新语言》的文章。然而这未能阻止这个政党的衰落。[25]2019 年年初，框架手册出版了。这是一份内部文件，韦林在这本手册中为德国公共广播联盟制定了框架的概念。[26]

韦林在这本手册里的提议导致了在事实和事物之间的关联得到研究与讨论之前，引发道义上的愤慨就抢先成为了目标。[27]因此，比如说私

---

* 社会民主党，简称德国社民党，德国主要政党之一，它是德国历史最悠久的社会民主主义中间偏左政党，成立于 1863 年。——译者注

人广播公司就应该被贴上"媒体资本主义蝗虫"[28]的标签。人们也许会扪心自问,除了民粹主义政客最擅长的那一套,这一提议是否还能带来其他的结果。

当韦林明确写下"根本不存在客观的、基于事实的、理智的思考"[29]时,其框架就变成了:"这违背了我的商业理念,即存在客观、基于事实的思考!"就像当人们试图用客观的圈套来骗取主观的事物时,那些看上去十分科学的框架命题最终都变成了悖论,正如诡辩派的说辞:"有个克里特人说,所有的克里特人都撒谎。"

公众对于受到操纵的愤怒中掺杂了许多虚伪,以及对别人拥有而自己不具备的蛊惑能力的嫉妒。人们正在飞速遗忘这一洞见:和带着邪恶意图的评判一样,就算其目的是"好"的,狂热的武断评判也会导致缺乏同理心这一情况的恶化。心理学从一开始就不只是加深了人类对于自身需求和恐惧的理解,也以其他方式推动了冷酷的剥削和资本主义的壮大。

欧洲的心理学一开始是人文社科领域的"兰花学科"*,人们争论它是否应该解释或理解心理。而美国的心理学却一度成了资本主义的奴仆。它给广告公司出谋划策,研究如何最完美地榨取人类劳动力。1945年之后,欧洲的心理学也呈现出了这一特征。不论是过去还是现在,文化和社会批判在心理学领域都无足轻重。

---

* "兰花学科"指的是非主流的、不寻常的、罕见的研究领域,仅在少数大学开设这一学科。——译者注

2. 一厢情愿的付出
伴侣、家庭和自然中的冷思考与暖思考

谁想创造美,必须要解放美。这一思想通常和雕塑家米开朗琪罗·博那罗蒂(Michelangelo Buonarroti)联系在一起。把隐藏在大理石中的雕塑从它藏身的、不规则形状的原材料中解放出来,从中他看到了艺术女神。[30] 约翰·济慈*(John Keats)借用了这一比喻:真正的诗人的标志难道不是他不写诗,而是让诗产生吗?

在所有注重释放创造力而非钻研思想的学习方式中,我们都能发现这种"消极能力",这种"无为的能力"的踪迹。驱走冷漠,温暖便随之增加。

早下决心、早做准备可以让我们为应对局势的危险做好准备——然而它们应付不了的是,人们在这样的决心和准备中变得冷漠,不留一点机会给温暖。

---

* 约翰·济慈(1795—1821)是杰出的英国诗人,也是浪漫派的主要成员。——译者注

一位患者讲述了一个"糟糕透了的夜晚"：

"其实我一度觉得汤姆人挺好的。他是我的同事，刚进我们团队不久。我们彼此对对方都有好感。因此当他邀请我去吃饭时，我是很高兴的。然而我不希望让他觉得我很容易得手，因为我目前是单身的状态。于是我决定只喝矿泉水，并且在晚饭后立刻回家。

不过，用餐的时候确实很惬意。他特意点了一瓶红酒，因为我之前告诉过他我喜欢喝。于是我也就不好拒绝。然后我就有点喝多了。但是我想准时上床，一个人！

汤姆并没有让步。我真是头蠢猪，接下来就跟着他去了他家，因为他家离餐厅比较近。我告诉他，我从不在第一个晚上就和男人上床，我只想拥抱和亲吻。他不许心怀不轨。然而我又一次没守住自己的底线，我根本不想要，但我还是和他上床了。为了不让他失望，我装着很享受的样子，但实际上我只觉得厌恶，因为我在自己面前羞辱了自己，基本上做不到坚持自己的立场。

事情就是这样。现在我再也不想看见这人了，只希望汤姆不要再跟我说话了。"

试图掌控这一场景的美感，却反过来破坏了它，失去了做爱时肉体上的安全感，也混淆了假装的侵犯和真正的危险。

和汤姆的相遇让这位故事的讲述者走进了死胡同，因为她预设了正确的道路，而不是和对方共同找寻。她这么做是因为对自己的感受感到恐惧。这种恐惧根植于羞耻心。这种羞耻心被认为是必要的，它的背后是对占据优势地位的追求，以及与自己的感受和愿望保持距离的追求。敌视快乐和肉体的心力内投者*——在对他们的认同中，隐含了这种追求。

一位舞蹈家惴惴不安地去做心理咨询。她在一次选角的时候落选了，因为她此前演砸了一个角色，尽管她通常都能演好的。

"我冥思苦想了很久，怎样才能最好地呈现。突然间我就合不上拍子，踉跄了一下。但是我真的知道自己能跳好的，为什么一到重要的时候反倒不行了呢？"

这里一语道破的一点是，她不仅仅想跳舞，而是想要跳得好。当我指出这一微小的区别时，她想起来，当她在观众面前跳舞的时候，总是有种被审视的感觉。她没有沉醉于音乐，而是分了神去想象，她的动作在其他人看来是怎样的。当没有人审视她时，她的节奏感最好，就能跳出自己的亮点。

---

* 心力内投是西格蒙德·弗洛伊德理论中的一种心理防御机制，指主体复制来自外部环境，尤其是来自其他主体的行为、特质或其他片段的过程。例如：有些神经症患者会通过模仿他人来减轻自身的焦虑；有些人会无意识地模仿友人的口癖。生活中，这种机制在群体中体现得比较广泛，群体人员之间互相模仿以更好地融入群体。——译者注

当涉及诸如找到这个亮点并把它展现出来的问题,需要的是目的和决心之外的东西。那些研究人类身上发生的显著改变的人,往往会发现一个关键经历,它表明了某些东西的结束和一个新的开始。

"我尝试过了无数次戒烟,却从来没有成功过。您知道马克·吐温(Mark Twain)的那句名言吧?* 有一天晚上我就坐在那儿,夹着一支烟——突然间我想明白了:够了!就是这样,一直持续到了现在。戒烟远没有我一直认为的那么费劲。"

这是一位 42 岁的教育委员** 讲的故事。³¹ 在文学作品里,比如说海因里希·冯·克莱斯特(Heinrich von Kleist)的《木偶戏》(*On Puppet Show*)中,我们可以看到许多能够容许温暖的情境。

"三年前(……),我和一位年轻人一起沐浴,他身上散发着不可思议的优雅气息。他大概十六岁,人们只能隐约看到他身上虚荣初始的痕迹——那来源于女人对他的好感。碰巧我们不久前都在巴黎看到过那个雕像,雕的是一个少年拔掉脚上的刺。这个雕塑的造型很有名,在大部分德国收藏中都能见到。他在把脚放到矮凳上晾干的时候瞥了一眼大镜子,这一瞥让他

---

* 即"戒烟是很容易的事,我一生戒过好几十次了"。——译者注

** 教育委员,德语为 Studienrat。在德国,"教育委员"是一个官方头衔,指的是高级公务员或资格等级为 4 级的公务员,通常在高等学校担任教师。——译者注

想起了这个雕塑。他笑了起来,并告诉了我他的发现。实际上我也发现了,然而(……),大概是为了好心地治一治他的虚荣心,我笑了笑,反驳说他看到的怕不只是个幻象!他涨红了脸,第二次抬起他的脚给我看;然而不出所料,这一努力失败了。他困惑地抬了第三次脚,又抬了第四次,然后又抬了大概得有十次脚:然而这都是徒劳的,他再也做不出这个动作。我说什么来着?他的动作滑稽极了,我费了好大劲才憋住笑。

从这一天,似乎从那一刻开始,这个年轻人身上发生了令人费解的变化。他开始一整天都坐在镜子前面。他身上对别人的吸引力也离他而去了。似乎有一股看不见也无法理解的力量像铁网一样禁锢了他动作的自由发挥。一年以后,他身上原有的那种让身边人觉得赏心悦目的迷人气质消失殆尽。"[32]

这位叙述者当然看到了,少年优雅的动作是古希腊雕像的写照。然而他冷漠地拒绝进行确认。于是他把年轻人从这种温暖的关系中拖了出来,并激发了他的虚荣心。年轻人涨红的脸暴露了他的自尊心受到了伤害,并试着通过在镜子前一次又一次地重复,来弥补他在朋友那里得不到的共情投射。这位朋友冷漠的原因也很清楚:艳羡于年轻人不自觉的自我陶醉,忌妒他取悦女性的欲望,其背景或许是 1800 年前后得不到解决的同性情色困境,而克莱斯特深受其害。

在同时代的人眼里,克莱斯特是这样一种人:那些在活泼的圈子中如鱼得水的人不会惦记他。如果有人一不小心邀请了他,下一次就会宁可把他从客人名单上剔除。这位作家用惊人的细腻笔触和洞察力把这种冷漠的原因描写了出来。想让孩子在交往中能够自发地给别人带来温暖，他需要有足够的机会和善解人意的成年人进行交流，并保持像米歇尔·巴林特*（Michael Balint）所说的初始之爱，或是爱利克·埃里克森**（Erik Erikson）所说的"原始信任"***那样的精神品质。

　　人类的冷漠来源于自恋式的恐惧。这种恐惧已经脱离了它的动物性基础，而是和内心形象相关。我们不再害怕狮子和毒蛇，在信任的人身上寻找庇护。我们害怕的是被贬低，害怕的是别人的评判，然而更重要的是也害怕自我的评判。我们害怕自己不够好，担心自己达不到要求，害怕成为别人挖苦的对象，成为一场没有尽头的考试中的失败者。没有人告诉我们这场考试的任务，对此我们也没有一个人有所准备。别人通过了考试，我们却没有。在这种情况下，我们无法带着温暖去对待周围的人，也感受不到别人带给我们的温暖——在大多数情况下，我们感受的敌意其实都是我们给自己带来的。

　　谁能成功地保持开放的人际关系，谁就会乐意而不是恐惧与其他人交往。他能够信任自己的印象，弄清楚在不同场合应该展现出什么样的自我形象。在个体化社会里，理所当然的温暖和表现力所带来的"正常"

---

*　米歇尔·巴林特（1896—1970），匈牙利的精神分析学家。——译者注
**　爱利克·埃里克森（1902—1994），德裔美籍发展心理学家与心理分析学者，以其心理社会发展理论著称。——译者注
***　原始信任（urvertrauen），指的是如果婴儿从一出生就生活在安全、充满爱的环境下，那么他在之后的生活中就能更容易产生对他人的信任，也能更加强大。——译者注

干扰,在自我体验*的群体中能够得到很好的研究。一开始,受试者们极度想念权威和结构。他们就像在参加一场考试,因为没有"有意义"的任务而十分烦躁——因为他们从未有过这样的体验,与以前不认识的人打交道。

一旦他们克服了这些恐惧,受试者们就体验到了许多人都极度渴望的亲密、温暖,以及在社交场合中敞开自我的可能性,即使他们无法去掌控局面。在这一过程中,心理学所扮演的角色是自相矛盾的:一方面,心理学实践应现代性的需求而兴起。而另一方面,它却削弱了人们自发地找寻解决方法的能力。而且,一旦应用心理学和心理诊断演变成侵占模式,对于暖思考来说就很危险了。

暖思考消除了各种情境下的等级制度,但也会避免缺乏管制所带来的危险,因为同理心的边界取代了地位或耻辱的界限。然而,在令人不快的情况下(例如"野蛮分析"**),心理学专家却可以侵入此前只由直接参与者们管控的领域。

> 一对夫妇去做夫妻咨询。丈夫抱怨他的伴侣在性方面提不起兴趣,拒绝和他发生关系。他说,在她怀孕之前,性爱就已经变得越来越少。自从三年前他们的儿子出生以来,他们在床

---

* 自我体验,指了解自己的经历和行为,并对其进行反思。——译者注
** 弗洛伊德著有一篇短文《论野蛮的精神分析》(Wild Psycho-Analysis),文中主要讨论了这一现象,即心理医生只凭借死板的理论和研究结果就武断、片面地对病人做出诊断。——译者注

上几乎再也没有干过什么。一开始,妻子就躲进了柴米油盐的琐事堆里。

然后她说出了自己的想法:在这段关系的早期阶段她一直觉得,自己在和两个男人睡觉——她的伴侣以及 X 医生,她丈夫对他那本关于性幸福的书评价很高。他越是努力地唤起她的性快感、送她进高潮,她就越是控制不住地去想他当初强烈建议她阅读的性爱指南。她对此极为厌恶,她不是自动售货机,人们需要的只是按下正确的按钮。她的丈夫变得陌生,她希望能把这一切抛在身后。刚开始她假装过性高潮,然而被她丈夫发现了。他直接问,她应该对他撒谎吗?或许这样更好,因为从那以后他就觉得受到了羞辱,并且再也不碰她了。

上述情况体现了心理帮助达不到目的的风险。它没有使一段关系中的温暖增加,相反还引发了权力斗争。如果说,将冷酷的成就思维* 及其对与错、成功或失败的二分法引入情欲领域有一个关键术语,那它就是高潮。它对于成功的表现有着大量的品质认证标准,因而它对欺骗和伪装构成了挑战,然而对于那些执著于完美模板的情侣来说,它会让他们的性生活举步维艰。

---

* 成就思维描述了这样一种观点:一个人的价值只基于他们的成功和他们所取得的成就。其核心是"我够好吗"和"我所做的足够吗"。——译者注

狄安娜和马库斯寻求心理治疗的帮助,因为从四年前他们女儿出生以后,他们几乎再也没有上过床。除此之外他们的感情很好,无论如何都不想分开,且都觉得对不起对方。马库斯的工作很辛苦,而狄安娜虽然只上半天班,但是照顾孩子占用了她大量的时间和精力,让她闲不下来。

马库斯用这种精疲力尽来解释共同性生活的消亡。他不想强迫狄安娜。狄安娜说,她压根不知道马库斯是否对她还有兴趣。几个疗程过后,他们获得了足够的信心,于是狄安娜坦白了一些她从未跟马库斯说过的事。此前她害怕说出来会导致马库斯离开她。她几乎从未有过性高潮,并且不安地发现,马库斯一直努力地要帮她达到高潮。于是她声称,自己累坏了。

"如果我不是担心又要逢场作戏的话,我就不会说'不'了。可你很快也放弃了。"她对马库斯说。

"我之前以为,你宁愿看色情电影。"狄安娜说。马库斯脸红了:"你怎么会这么想?"

"我有一次看了你浏览器的搜索记录。"狄安娜说,"我没觉得有什么。我只是觉得……我看起来不太像那些女人。"

"可是你为什么会觉得我要离开你?"马库斯震惊地问道。"嗯,因为你特别在意我的性高潮,比我自己还在意。只要温柔一点,你有你的性高潮,我觉得这样也挺好的。""为什么我们就这个问题谈一次这么难呢?我们今天说的比过去几年说的都多。"狄安娜对医生说:"我以为,如果他觉得这件事很重要,他就会直接开始做了!"

"为什么要我开始?"马库斯问道,"我们认识的时候,明明你才是在床上主动的那个。"

"好吧,我也想要一个你的孩子嘛。"

热辣的场景,冰冷的构图,这是色情读物的鲜明特色。借由互联网,它成了世界上第一个广告媒体。造一个用有机玻璃做的阴茎,利用内置摄像头来"科学地"研究女性性高潮,这种想法也适用于上文描述的夫妻矛盾。美国的妇科医生在20世纪六十年代就这么做了。

那时候资本主义发现了利用性欲牟利的新手段。这些手段远不止于在柜台底下出售"不雅"的图片和文章。当时的人们认为,学术-商业综合体要关注性爱,发现性爱,"解放"性爱,把它放到台面上来,增加从中牟利的可能性——性启蒙是通往性幸福的道路,还有一切道具、指南、课程和技术——在这种情况下它们都能拿出来贩卖。

这一困境遭到压抑和否认;此后它还导致了许多夫妻矛盾和家里乏善可陈的性生活。这不再是两个在温情中走到一起的成年人,对他们的性爱管理有方,让它尽可能的愉悦舒适。性高潮是性幸福的具体表现;关于性幸福的专业知识使得这样一种概念渗透到了我们的性生活中:它是对性爱中表现好坏的评判,是冰冷的、数字二元化的。

妻子多年来满怀关爱而又战战兢兢地为了丈夫假装高潮,却在向他承认"欺骗"后转眼间就被抛弃,这是一个悲哀的喜剧:他觉得自己被她的利他主义盘剥了，失去了这样一种获胜感——这种获胜感来自他为她带来的、自我感受中的幸福。

尽管数据表明，许多女性在性交中感受不到高潮，男人却常常带着自恋病吹嘘，迄今为止他们把每个女人都送上了高潮。赶走这个冷漠的客人需要决心和幽默——它的一个经典场景是电影《当哈利碰上莎莉》*（Harry und Sally）里拍摄的性高潮。

青年人的"冷漠中毒"

在我们这个现代世界里，孩子和青少年依然是在困难重重、冷酷的条件下成长的。早在他们遇到和自己有相同的困难，并且也一样拼尽全力假装困难不存在的人之前，这些孩子和青少年就已经有了心理问题。在渴望爱情和充满好奇的生命阶段遭到折损，这种"瘟疫"在今天得到了更多的曝光，且有了全新的术语（欺凌，发号施令，辱骂，胡搅蛮缠），而人们将此视为中了一种"冷漠毒"的后果：在我毫无防备地任由自我怀疑摆布之前，我战胜了别人的弱点，成为施暴者中的一员，并由此获得了安全感。

中"冷漠毒"的原因是无意识的灌输——它完全可以和在先进的消

---

* 《当哈利遇上莎莉》是一部于 1989 年上映的爱情喜剧片。故事围绕着两位主角对于男女关系反复地探讨和争论来展开。——译者注

费型社会里常见的饮食问题相提并论。现在人类的母乳中含有大量来自环境的毒素，因此——每个妈妈都得变成食品化学家——它不能喂给宝宝，而应该倒掉。[33]

对于在青少年时期使用屏幕的人，人们对他们提出了许多不切实际的要求，要有魅力，以及能够保持良好的精神状态，以至于他们逐渐失去这样的勇气，落落大方地结交朋友，并在信任与同理心的温暖中结成同盟。关于校园欺凌的报道不仅体现了对这些侮辱性行为更高的敏感度和社会关注度，同时也营造出了一种不安的氛围；欺凌者们害怕自己也会受到欺凌，并对这种恐惧心理进行了过度补偿。

童年的性探索混杂着好奇、对自己感受的测试，以及犹犹豫豫地试图分享由此积攒下的经验。这一探索却在与色情世界的第一次接触中戛然而止——一般是和同龄人的接触，他们战胜无知之人的天真，以此来克服自己的恐惧。冰冷的画面毒害了这样的可能性：身处于一个允许不完美的温暖现实中。

现在没有什么比年轻人的智慧和创造力更令人钦佩的了。那些观察他们的人可以高兴地断定，他们培养出了反抗能力，以批判的眼光看待广告、"社交"媒体和过度理想化的泛滥，获得了讽刺与保持距离的能力。

年长的观察者徒劳地在他年轻的岁月中寻找可以拿来比较的东西。然而就像母乳中的毒素一样，假装一切正常是不行的。不幸地是，我们是否拥有足够的力量去抵抗持续发展中的生活数字化的要求，这完全是见仁见智的——正如我们同样不清楚，我们是否能长期承受自己肆无忌惮地排放到环境中的毒素。

目前，关于储存在人体脂肪中、在食物链边缘按需流动的毒素的研究，主要集中于一种反常而颇有威胁性的情况上：北极熊的血。北极熊——类似于北极狩猎民族中同样处于重负之下的女性——处在浮游生物—鱼—海豹这条食物链的最顶端。

直到最近科学家才证实，北极熊的血液里有超过 200 种不同的含氟碳化合物，远不只限于多氯联苯*（PSBs）——这类化合物在很多年前就已经臭名昭著，其中最重要的几种已经被禁止了。然而，针对个别物质的禁令只能说明理性在面对剥削时的无力。在已知的超过 4700 种含氟化合物中，只有其中 25 种的毒性和对环境的影响得到了研究。食品包装、地毯、油漆和喷雾、润滑油和液压油中都含有这些物质。

令人担忧的是，在禁用个别物质后，制造商会转而使用其他可能危害更大的未知物质。[34] 先生产，然后对造成的危害死不认账，这一模式从来没变过。想到这一点，或许能帮助我们在和冷思考的斗争中，对一蹴而就不抱有幻想。

争取多样性的斗争

巴伐利亚州"拯救蜜蜂"的全民公投请愿意外引发了民众在空闲时

---

* 多氯联苯，又称多氯联二苯或二联酚，是许多含氯数不同的联苯含氯化合物的统称。——译者注

间里去排队的热潮。"这是全慕尼黑最令人高兴、移动最快的队。"一位维持秩序的人员这样说道。当时正是晚上,我站在玛利亚广场上,跟着转了好几个弯的队伍来到了市政厅的房间。在那里,工作人员扫描了我的证件,并让我签了名。

支持者们为这一胜利欢呼雀跃,但依然有苦涩的滋味,因为已然失去的多样性无法被取代。我们最多只能阻止情况的进一步恶化。先毒害环境,然后又声称那些不想再这样做的人是在危害"农业"——这是不可饶恕的。而事实上,这些反对意见针对的只是一种灾难性的工业化形式。

几年前我去拜访了几位朋友,他们搬进了下巴伐利亚州*一个村庄的老农舍里。几百米外有一栋全新的复式单位房屋,白得发光,窗户擦得锃亮,但很明显没有人住。唯一缺少的是阳台的栅栏和通向大门的楼梯——大门开在离地面一米高的地方,人进不去。此外还有一个引人注目的细节:几条田间的沟渠刚好延伸到外墙边上——到了夏天,房子会在一片麦田里。

这是一个年轻农民的房子。他依旧和母亲住在一起,在一个工厂工作,还没有结婚。在那时我认识了他,他约莫四十岁,是个友好的人;他母亲还叫他"小男孩儿"。他告诉我,他已经放弃了畜牧业,但是买了一辆新的拖拉机。如果工业出现危机的话,兼职的农民将是最先下岗的。

---

* 下巴伐利亚行政区是德国巴伐利亚州的 7 个行政区之一,位于巴伐利亚州的东部,北面与上普法尔茨行政区相邻,东北面与捷克的波希米亚地区相邻,东南面与奥地利的上奥地利州相邻,西南面与上巴伐利亚行政区相邻。——译者注

要找一个妻子也很难：有谁想要搬到农村来，嫁给一个农民呢？

当我读到公投改革计划中我觉得最重要的一点时，我不禁想起了这栋田野里的房子：将自然保护作为教育的任务。如今在农村的职业学校里，利用化学和技术来优化产量的冷思考大行其道。在我童年时代，农村生活仍然具有美学特质，如今它却只是农场博物馆里的一个主题。农业产业已经无可辩驳地成了影响深远的典范，其后果是灾难性的。

传统农业有许多规定来遏制冷思考。从前的许多规矩都反对最大化的利用——从最早的圣经格言中摩西五经开始："你不可绑住在那儿踩踏的野兽的嘴。"一直到这样的习俗，把麦穗留在田里给穷人，或者把最后一袋粮食留给鸟儿。那些去阅读农村习俗古籍的人，会发现各种各样的此类仪式。它们和各种形式的生育力有关。在这些仪式里，可估算的收益与一个神秘的、有宗教观念或自然整体观的整体的象征相结合。

在工业化的农业中，只有收益最大化这一种想法，毫不顾忌动物和人生活质量的下降。贪图利益是短视的。它否认地下水中的毒素和物种灭绝。绿色的荒漠上满是苍凉；自然风光中没有了树木和灌木丛，失去了芦苇覆盖的堤岸，也不再有田间绿篱和开满鲜花的田埂——对于这样的苍凉和这些美学损失，贪婪却毫无触动。多年以来，欧盟的农业政策都忽视了农业中健康的多样性。这对于我们的未来是一种风险。政策与培训没有继续发展流传下来的、有关生物之间相互关系的农作知识，而是只关注效率、利润和产量的最大化。

目的理性的思想已经统治了农牧业。对其造成的后果，普通民众现在也有了危机意识，亡羊补牢，为时未晚。而自然保护主义者在几十年前就开始控诉泥沙过度淤积的溪流、干枯的草地、枯萎的玉米田和麦田、地下水中的化肥和杀虫剂，并呼吁进行改革。

冷思考倾向于宣称，它对感情和生活联系的无知是一种美德。这一倾向给水、空气、土地这些公共资源的处置所带来的影响，比其他几乎任何事物都要致命。对情感的差异化处理越是得不到立法者的支持，这一危险就越大：在与人类经验中基于情感的早期预警系统的较量中，根植于冷思考的无知占据了上风。

没有这种动态关系，我们就无法理解核武器的发展和核能的扩张。同样地，我们也会无法理解那些肆无忌惮的想法，它透支了大自然再生的可能性，损害了生物多样性，把上千种长期影响未得到研究的物质排放到大自然的循环中。这么做的那些人一直——不论是过去还是现在——都觉得自己是对的，他们没有违法。他们从未考虑过这么做的后果。如果政策不允许这种做法的话，它自然会采取行动遏止的。

卡尔·马克思希望，人们会集体抵制一个剥夺了他们情感生活、创造力和友谊的制度，从而让资本主义走向失败。现在，虽然资本主义已经在很大程度上抛弃了传统结构，但对于创建生产资料社会化的文化这一计划，这个星球上的大多数人都持反对态度。

在现实中，我们不能从少数人身上夺走他们积累的财富来分给所有人。人们曾经成功地夺走了财富，但分配并没有到来。新的官僚阶层找到了一种新的话术，他们对权力的贪婪和腐败与封建制度别无二致。于是，1989年以后，人们更倾向于相信一种进步的、得到驯服的资本主义。和斯大林主义及其衍生物比起来，这样的资本主义似乎确实没那么恶劣。我们并没有在很大程度上驯服资本主义。我们依旧不确定,当我们面临迫在眉睫的生态危机时,这一压力是否会进一步推动这一进程。

在分析冷思考的时候,我们往往会遭遇(利用恐惧进行的)控制对同理心的压制,在这件事上也是如此。在这种情况下,有一个有趣的观察,即对公投请愿书得票率最高和最低的巴伐利亚州各区进行比较[35]:埃朗根附近的布肯霍夫(Buckenhof)有超过三分之一(39.2%)的居民投票支持生物多样化;而在巴伐利亚森林的因嫩采尔(Innernzell),支持率只有5.7%。

这与整体政治行为相吻合:在绿党获得大量第二选票*的地方,全民公投请愿书也得到了很多人的支持;而在右翼民粹主义政党德国选择党获得选民绝大多数票数的地方,同样没有为生物多样化的诉求留下空间。在2018年的州议会选举中,因嫩采尔有五分之一的居民把票投给了右翼民粹分子的政党。

国家利益的防御性膨胀所导致的结果,是人们不信任这样的空间——在这些空间里,某些东西可以不受控制地蓬勃发展。在美国,这一点不仅表现在右翼民粹主义总统对保护国家公园和气候研究的漠视上,还表现为通过修建边境墙来防范来自南方的移民。

冷思考和抵挡恐惧之间的联系,在意图"成为第一"和"伟大"的声明

---

* 第二选票,指联邦德国公民用于选举政党进联邦议院的选票。根据德国的选举制度,德国民众在联邦议会选举中需要投出两票,第一票用来选举自己选区中的一位政治家进入联邦议院担任议员,第二票用来选举政党。第二票更加重要,因为它决定议会中的权力格局:每个政党的议席数。——译者注

中相当清晰。尽管我们的历史经验与社会学研究告诉我们，文化融合以及接受外来人员与事物的意愿能够推动经济、艺术和科学的发展，但在民粹主义的话语里，这一事实遭到了否认。外来的人和事未经检验就遭到了抵制，被贬低成不好的东西，被认为对善良和伟大——人们把自己熟悉的一切划入其范围内——造成了威胁。

那些把所有外来的人和事拒于千里之外的人，能够迅速、清晰而冷酷地作出决定。他们建造水坝，修筑高墙。只要它们还没有倒塌，一切就还是自欺欺人的宁静。当涉及迅速、冷酷的解决方案时，先把移民和寻求避难者放进来并为他们提供共同发展机会的项目比不上这一想法：本国人和外国人之间有着不可逾越的鸿沟。

一种分裂的概念，只认对和错；一种融合的概念，努力权衡重要的因素并容许发展——在这两种概念之间的论战中，只要能掩盖分裂破坏性的后果，分裂的概念就会占据上风。这让民主在面对民粹主义时几乎没有还手之力，同时也阻碍了长期的计划。那些不能处理好自己内心的压力，迅速做出反应和决定的人，往往会压制创造性的过程和抵制发展。

农业中与工业发展的相似之处是显而易见的。那些将复杂的过程引向最大利益的人获得了令人信服的目标，可以越过传统的结构和经验。这些结构与经验更为混乱，以及，比如说以"美"为导向，但它们也能让一个兼具震慑与诱惑的整体自由发展——比如说"创世"或者"祖先之灵"。

一旦拥有多种不同树木生存空间的混合林形成了一片林子，其中生长繁殖最快的树木——比如说白杨和云杉，它们的数量迅速增加，而其他所有树木的生长都遭到了抑制。这样的林子一旦形成,这片树林也就失去了它的美,就像失去林中真菌、昆虫、鸟类和野生动物的多样性一样。一开始,人们还能用更大的利益来为这些损失辩解。等所有的危害都显现出来可能需要很长时间。到那个时候,这些危害常常已经积重难返,就像为了维持土地的单一种植而向环境中投放毒药一样。

同样的还有耕地,上面由于投放了除草剂只有玉米或者小麦能够生长。或者还有猪圈,它极其讲究效率,导致里面的粪便臭气熏天,因为大自然的分解速度已经赶不上粪便产生的速度了。

3. 大都市部落
社会群体中的冷思考与暖思考

二战之后，当自由得到了捍卫，本来可以享受自由时，战胜国所处的境况却没有期望中的安逸。和战争结束后的大多数情况一样，士兵们有了这样一种看法，其他人遭受的苦难较少，且更有理由享受胜利。资本主义战争对士兵没有任何好处，能从中获利的是那些为他们提供靴子和弹药的工厂主们。

为了让如雨后春笋般涌现且渴求订单的工业在和平年代有事可做，消费型社会在西方应运而生，它逐渐让人们开始叩问这一切的意义。旧的意识形态的创建者不再可信，新的创建者陷入越来越严重的信任危机，令人信服的学说与乏善可陈的实践之间的差距越发明显。

于是就出现了这样的问题：很明显，消费型社会的消耗已经超过了它的再生能力。它还肆无忌惮地摧残生命体——这些生命体已经与环境在良好的平衡中共存了几千年。这些问题没有困扰过耶稣和穆罕默德，也没有让马克思和弗洛伊德苦恼过。一本许多人都读过的相关书籍是克洛德·列维-斯特劳斯*（Claude Lévi-Strauss）的《忧郁的热带》（*Traurige Tropen*）。这部作品是对弗洛伊德的思想录《文明及其不满》（*Civilization and Its Discontents*）很有价值的传承。面对核武器和对自然的破坏，进步的事业又有多少意义呢？

对自此产生的回归部落文化的渴望嗤之以鼻，是件很容易的事。那些表达出这种渴望的人会遭到质问，他们是不是希望在没有麻醉的状态下拔牙，和割下敌人头颅的野蛮人做邻居，平均寿命缩短三十年。但这种反对意见忽视了宿命的问题——这一问题早已超越了对于更公正的社会的拷问：这不仅仅是如何更好地分配商品和生产资料的问题，更关系到如何保护地球的再生产力不受破坏。

虽然大集团倾向于服从冷酷的法学思维，然而，暖思考最重要的领域，恰恰位于那些被描述为"村庄""部落""群体"或"社区"的地方。不断地有人试图在这些群体中寻找保障与自由的平衡——作为集体主义优越性的替代物。这一尝试从20世纪60年代起就获得了更多的关注。与此同时，人们认识到，人类组织起源于部落，也更多地意识到了这样的组织形式与我们情绪结构的紧密联系。

在20世纪70年代，人们把团体心理治疗的新形式看作是"解放区"里的起义，就像极权社会里的游击队一样。当时产生了许多幻想，有些起义偏离了正轨，成了对有超能力的大师的拥戴。失败的情形受到的关

---

* 克劳德·列维-斯特劳斯（1908—2009）是著名的法国人类学家，与弗雷泽（Frazer）、鲍亚士（Boas）共同享有"现代人类学之父"美誉。他所建构的结构主义与神话学不但深深影响人类学，对社会学、哲学和语言学等学科都有深远影响。——译者注

注远远超过那些成功的情形,这一点也符合并行发展的媒体社会的特征。

这一时期最重要的作家之一是美国原住民的代表,小范恩·德洛里亚*(Vine Deloria Jr.)。这位土生土长的拉科塔人**不仅为美国原住民的权利而战,将濒临崩溃的部落文化联合会发展成政治上的有力武器,还致力于从人类学的角度研究欧洲文化的弊病。他得出了和列维·斯特劳斯相同的结论。

德洛里亚对1970年的总结相当具有现实意义和质疑精神——此后几乎再也没有什么能够推翻他的观点:

"人们生活在一个人工建造的世界中。警报信号不是通过天空的颜色、动物的叫声或者四季的更替来发出,而是通过交通信号灯、救护车或警车的警笛。于是,他们对真正的自然界是什么模样一无所知。他们被进步女神所蛊惑。而用来定义'进步'的,却仅仅只是这个人工、技术型世界里舒适安逸的观念……只要人们还在建造新的建筑和光怪陆离的街道,售卖额外的照明和电子设备,以此来获得现代生活中的乐趣,那他们就不会明白,人工环境是依赖于自然环境的。"36

---

* 小范恩·德洛里亚(1933—2005),美国作家、神学家、历史学家和活动家。——译者注

** 拉科塔是一个美国土著部落的名称,为大平原印地安人苏族的三大族群之一,又称为梯顿苏族。他们目前主要居住在南、北达科他州。——译者注

德洛里亚认为，传教式文化和宗教具有的毁灭性特征，和它们主要遵循目的论纪年法是紧密相关的。时间是抽象的，它适用于地球上任何一个地方。在基督教和伊斯兰教中，它和这些思想相关联：时间的终结，上帝对人类的审判，旧世界的覆灭。而这些思想对本土宗教来说是陌生的。它们从未听说过最后的审判，从不知道旧时间的终结和末世论。它们和它们所处的地方，以及这个地方的轮回周期、有机循环结为一体。这些地方应该得到保护；人们不应该污染河流，必须注意归还从自然界中获取的一切。从来就不存在这样的彼岸，能够摆脱此岸对于仔细处理能量循环的关注。

没有了和它紧密相连的这样一片地方，部落信仰也将不复存在。它既不能放弃这片地方，也不能强迫其他人接受自己。因此，本土宗教不会进行传教。它从未想过要让别人放弃它们眼中神圣的东西。在古希腊的宗教中，我们还能够看到这种立场的痕迹。希罗多德*写道，他所观察的民众描述了他们所熟知众神的其他名字与特点。但是他们从未有过这样的想法，"他们"的神比异教的神更好。

千禧主义**和传教性的倾向给现代思想带来的深刻影响，在许多未来小说共同的主题中同样可见一斑。这个星球的土地变得不再宜居，然而人类征服了宇宙，定居在遥远的星系中。这听上去很科学，但它却不

---

* 希罗多德（约公元前 480 年—约公元前 425 年），古希腊历史学家，著有《历史》一书。——译者注

** 千禧主义是某些基督教教派正式的或民间的信仰，这种信仰相信将来会有一个黄金时代：全球和平来临，地球将变为天堂。人类将繁荣，大一统的时代来临以及"基督统治世界"。——译者注

过是对人类局限性的狂热辩护。

对于德洛里亚来说，基督教是个极其危险的宗教，因为它对抽象的事物马首是瞻，这样一来就导致了我们对生活的疏离。在大城市里，部落与部落之间的纽带瓦解了——这样的纽带和富有意义的地方紧密相关，比如一片小树林，一座山，一眼泉。只要市民社会还在运转，技术还在继续升级，大家族和朋友圈子就能在表面上替代这一损失。

如果能源供应崩溃，大城市会在 24 小时内变成人间地狱。过去，人们不断地从贫困的乡村涌入大都市，而现在公路变得拥堵。对于住在有柴火灶、茅厕和水坑的小屋中的人来说，切断能源供应并不会给他们带来太多麻烦；但是对于住在二十楼的租户来说，其后果是灾难性的。

如果一个老人死在公寓里，整整一周没有人发现；当个体或者小家庭出现问题时，如果医院、养老院和儿童疗养院成了唯一的解决办法，部落的缺失所带来的经济负担就显现了出来。以利益为导向的城市规划不仅造成了丑陋的环境——把现代城市和威尼斯或者佛罗伦萨进行对比，而且在社会方面也缺乏独创性。

进步从猎人手中夺走了猎物，从游牧民族手中夺走了牧场。资本主义对这些损失无动于衷。更多的人意味着更廉价的劳动力，更多的买家，更丰厚的利润。但自从德洛里亚的书出版以后，关于心理损失的争论就没有停止过。这些心理损失是由城市文明以及随之而来的社会分裂（社会学术语中的"个性化"）造成的。

关于这场争论的最新文章在美国引发了关注：在《部落》（Tribe）中，

塞巴斯蒂安·荣格尔*（Sebastian Junger）颠覆了对战争创伤的传统心理学解释以及对PTSD（创伤后应激障碍）的诊断。[37]

到目前为止，战斗行动后的心理障碍以及随后在和平时期对工作和家庭生活的要求难以适应，这些都被认为是创伤后遗症。个体的精神负担过重，阻碍了大脑对刺激进行处理。对死亡持续的恐惧，伴随着饥饿、口渴、肮脏和失眠等最恶劣的生存条件，战友的牺牲，支离破碎的尸体的画面——在这一切面前，人们再也无力去抵御惨烈的局面，回归"正常"的生活。其后果是不受控制地回忆（闪回），持续地焦躁不安，精神亢奋，逐渐加重的焦虑紧张，伴随着失眠，酗酒和吸毒的风险也越来越高。

在和现役与退役的士兵交谈后，荣格尔得出了另外的结论：并不是战斗让他们的心理不堪重负，而是因为失去了战斗的情境。在这样的情境中，出现了一种被文明的生活条件所掩盖的意义与情感上的亲密。这种东西类似于在部落文化中的体验，回到了人类发展历史的早期形成阶段。

这些孤独的、没有人生方向的年轻男人，他们中有许多人除了军队外再无更多的受教育机会。据荣格尔的观察，在战斗行动中，他们中间会产生一种部落文化，一个排，一个大概四十人的集体。战友情谊不仅可以帮助他们抵御所处环境中的艰难和危险，同时也给予了他们全新的生命体验。在他们回到城市后，这种体验的丧失就引发了焦虑和抑郁。

---

* 塞巴斯蒂安·荣格尔，美国记者、作家和电影制作人。以其著作《完美风暴：男人对海洋的真实故事》而闻名。——译者注

PTSD 不是一种诊断结果，而是在退伍军人的经历和社会去理解他们的可能性之间做出的妥协。老兵们喝得酩酊大醉，不是为了忘掉战争，而是为了减轻自己的痛苦。这种痛苦源于他们在和平中感受到的庇护比在战争中少。

事实早已证明，创伤的后果带着文化传统的烙印。在一次美国精神病学协会的代表大会上，哈佛大学的精神病医生理查德·莫利卡（Richard Mollica）做了一个对红色高棉运动幸存者营地的观察报告。在红色高棉运动中，柬埔寨人民中的"资产阶级"遭到屠杀。和欧洲犹太人大屠杀幸存者不一样的是，这些幸存下来的高棉人极少表现出负罪感——他们得以幸免，而其他的许多人却难逃一死。莫利卡把这一点归结于柬埔寨人的佛教信仰。[38]

安东尼·J·马塞拉*（Anthony J. Marsella）提出了一个观点——关于参加过越南战争的美国原住民和移民的心理创伤：土生土长的美国人有体验战士经历的传统**；而对于移民来说，他们的文化里缺少这样的一种仪式。[39]

指责荣格尔、莫利卡或马塞拉在颂扬战争，这种说法是愚蠢无知的。荣格尔试图了解这份失去的温暖。它是我们早期文化历史的一部分，却从圣经时代开始一步步走向失落。这一失落在美国比在欧洲更明显，因为在不久的过去，大规模的（有意识的）贬值和对部落文化依旧迫切的

---

* 安东尼·J·马塞拉，美国心理学家，被喻为心理病理学和心理治疗跨文化的先驱。——译者注
** 指美国童子军的传统。——译者注

（无意识的）渴望是其鲜明特征。

荣格尔借鉴了对美利坚开拓者们的观察，这些观察的结果与许多白人的种族主义态度完全相反。有许多欧洲人离开他们的家乡，融入到美国的原住民中。"成千上万的欧洲人和印第安人毗邻而居。从来没有原住民想要成为欧洲人的案例。"1782年一位法国拓荒者赫克托·圣约翰·德克雷夫科尔（Hector St. John de Crèvecoeur）这样说道。[40]

当然，部落中社会凝聚力的魅力只是一部分事实。欧洲的冒险家们也娶土著女子为妻，就像宝嘉康蒂*（Pocahontas）的传说那样。然而，当荣格尔说，现代的个人化社会只是让集体的体验、无条件的被需要和群体中更牢固的联系变少了，又有谁能反驳他呢？士兵们当然会想念柔软的床和清凉的啤酒——当他们最终拥有了这一切，却一点也不开心，这一点几乎让他们发疯。

匮乏或者不适能把人们联系在一起，并激励人们并肩作战来应对他们所经历的困难，这是不争的事实。而富足和舒适会把个体隔离在自己的世界里，这样每个人就能不受干扰地沉浸在自己的享受中。

比起四周有围墙、门口有保安的住宅区，贫民窟暖思考的特征更加明显。外面的人羡慕那些有门禁小区里的住户，并且很乐意和他们交换。而安全措施完善的小区里的住户们却担心，如果他们容许共同温暖

---

* 宝嘉康蒂，英属弗吉尼亚州印第安人，因其与早期在詹姆斯敦的殖民者的交往而闻名，她是弗吉尼亚低洼海岸地区印第安部落波瓦坦族的酋长波瓦坦的女儿。根据历史上知名的传闻，她救了一个被印第安人俘虏的英国人约翰·史密斯的命。——译者注

这类东西的存在,他们就会失去保护。这种温暖能够带来救赎,却也同样令人恐惧。这是当代的一种荒诞。

重返自然

失去一些亲近与温暖在一个以分工为基础的社会里是不可避免的:只有在困境中人们才会互相关心。然而,一旦电话和交通运输恢复正常,机构和专家们就又重新获得了他们的权力。这种情况导致我们无法设身处地地体会到陌生人的痛苦。在我们真正去思考这一问题之前,我们更多地是努力寻找关闭它的开关:解决方法,专家,手术,药物。

在资本主义的消费型社会里,认真地研究自己的恐惧和痛苦尤为困难。造成这种困难的原因是,对于个体而言,进行这一研究已经迫在眉睫。如今被描述为"缺乏关注"的心理问题变多了,这说明了一个过程;在这个过程里,转移对内心紧张的注意力已经成了一种瘾。这种瘾来源于寻找——小孩和大人都必须马上寻找一些东西来分散他们的注意力,让他们有事可做,让他们体验到这些东西是有效的。

这种瘾对文明化的人类的巨大威力来源于对世界经验的简化,这种简化的经验在初体验时是很有诱惑力的。排除忍饥挨饿的情况,当处在困境中时,人们常常并不是一上来就知道"缺少"什么,或者什么"太多"了。社会的节奏越快,这种焦虑就越难忍受,人们也越难耐心地去仔细研究解决方法。

这种瘾的迷人之处在于，当人们意识到自己处在痛苦中时，可以快速地从根本上弄清楚，自己缺少什么，可以通过什么方式弥补。复杂的现代社会又变回了旧石器时代的大草原，饥饿驱使着猎人去捕猎，绵延不绝的时间之箭指出了从无精打采到如释重负的道路。但是，在狩猎文化里，饥饿促使人们进行合作、分享猎物；而这种瘾却让人们完全只关注自己，它倾向于牺牲一切人与人之间的联系和对依赖性的同理心，并因此而臭名昭著。

在对痛苦状态进行认真而富有成效的分析研究时，一种可以与成瘾相提并论，且一样有效的防御形式是理想化——不论是对爱的对象还是对偶像。恋爱中的人只把不安全感归结于一种缺失：只要爱人在，就万事大吉。他/她要是不在，就会有被抛弃和痛苦的危险。

偶像也具有类似的功能。从那些青少年开始，他们用无数张"他们的"明星的海报来装饰房间，再到那些党派追随者，他们为政治明星振臂欢呼。那些倾慕开明领袖的人们找到了解决自恋之苦的方法。他们不用自己去找，方法已经在那里了。这些政治明星两极分化：他们为美好、为上帝、为人民代言。他们知道邪恶在哪里，又来自何处。他们一般也知道要如何利用邪恶来为自己开脱，抬高自己的身价。

这些救赎都是海市蜃楼——从毒品的天堂到这样的领导人，他们承诺让我们的世界变得更大更强，而不是让它恢复到人性化的规模。它不会保护我们免遭损失。它制造出云雾让我们深陷其中，一旦从中跌落，我们只会变得更加一无所有。

德国的历史就是一个关于顽固的教训。因为这种顽固,德国人誓死坚持狂热的抵抗,即使它所造成的痛苦比接受失败多得多。其实,我们本应受够了腐败精英的狂妄自大,但对幻觉的需求却难以阻挡。这一需求也让这种想法变得极具说服力：安全感比创造力更重要。

让反思和调整自己变得更加困难的是,消费型社会大大增加了人们对损失的恐惧。恐惧带来冷思考。对这种冷漠的恐惧又反过来增加了恐惧。我们对那句格言置之不理,即"死而涅槃"。[41] 这句格言对每个改变都不可或缺。对混乱的否认和认为自己无所不能的狂妄导致恐惧越来越强大,这也是狂热的抵抗带来的悲剧之一。

即使每个人都不再追求获得快速的满足,也无法避免即将到来的生态灾难。我们比以往任何时候都更需要强有力的政治行动。即便如此,这么做仍是有意义的,它带来的也不仅仅只是道德上的收获。因为它目前还是出于自愿,不是因为这个挥霍无度的系统走向了崩溃,不得已而为之。不得已的损失会带来痛苦、恐惧和悲伤。很难阻止一颗被损失伤透了的心发展成抑郁症,也很难再激发出它创造的可能性。与之相反,自愿的放弃会释放创造力和能量。

当我邀请一位女大学生到我在1966—1972年期间居住的位于托斯卡纳的家里时,我想明白了这一区别。这位女大学生在我们位于慕尼黑舒适的房子里帮助我们打理家中的食宿开销。现在那栋房子已经是个度假屋了,当时我们已经决定把孩子送到德国上学。但我们保留了房子原本的样貌——很多风景,漂亮的房间,但没有自来水,没有高速公路,没有电。

我很高兴能对她发出这个邀请。每年我都享受着简化的生活：蓄水池里的水、茅厕、蜡烛和煤油灯，用木头炉子或燃气炉子做饭。在那里我什么也不缺。我甚至考虑过一段时间，把煤气灶也扔掉，重新用明火做饭，那里有足够的木材。但面对这样的生活方式，这个迄今为止清新活泼的学生震惊了。不，她打死都不会去那里。她说，这是不卫生的，完全无法忍受。

她的父母曾被迫离开家乡。第一个住处的卫生状况让她的父母受到了不小的震惊——尽管她并没有亲身经历。相反，我对我农民祖父母的家务活有着美好的回忆。他们的农场里没有卫生间。在托斯卡纳，我同样积极而愉快地拎着两个水桶走到泉水边，在露天建淋浴设施，在壁炉的火焰旁洗漱，沿着树林里的路走向厕所。

在这样的对比中，我们可以发现一件有趣的事：和消费型社会里依赖于仪器和供给的生活拉开距离，就会获得多得多的闲情逸致和创造力。相比起用电磁炉或煤气炉，当我们用亲自点燃、亲自照管的火烧饭时，我们能学到更多东西，也面临更多的不确定性。

在这里我们同样遇到了冷思考和暖思考的对比——被封闭在事物的结构中，就像琥珀里的昆虫一样。一款技术产品能用——或者不能用。如果它能用，我们也就跟着干起活来，而不需要对它进行思考。如果它不能用，我们就得换掉或者修理它。大多数设备在工作时都很少会告诉我们什么东西；在它们失灵的时候，就更是什么也不会说了。

而炉火则持续不断地和我交流。我得和它保持沟通，照管它。如此一来，相比起技术化消费型世界的"日新月异的迭代"和手机文化的"后浪拍死前浪"，体贴的、温暖的交往也可以在其他领域增加并保持。电动和电子世界的优点是快速、干净、方便。然而，这种能源的形态和功能是不可见的，且屈从于单调的是/否、对/错、运行/不运行。

在其存在意义上难以把握的是，从这些简单的、冰冷的逻辑步骤中，也可以产生在情感上令人印象深刻的整体，就像源自于冷漠的温情，或披着温情外衣的冷漠。我们会想到屏幕上的壁炉。没有烧红的炭火，但也没有烟雾和粉尘，它仍然可以让我们感到舒适。

现代人的精神困境和魔法学徒有许多相似之处。我们不再像以前那样一步一步、一下一下、一桶一桶地准备好洗澡水。我们发明了一个帮手，能够更快地把活干完。我们再也无法拒绝舒适性。在消费型社会里，"关停"的能力已经成了一种商品，伴随着像"撼动你的灵魂"这样类似于刽子手的词汇。思考的温度和容忍摩擦、辛劳、休息相关。然而，一旦沉默和宁静充斥着恐惧，活动就会变成毒品——做点儿什么，做什么都行；最重要的是，你在做！

像俄罗斯套娃一样，歌德漫长的一生包裹着济慈（1795—1821）短暂得多的生命。* 济慈发明了一个我已经提到过的术语，这个术语对于寻找暖思考很有帮助：**"消极能力。"**[42] 他发明这个术语的起因是一次和查尔斯·文特沃思·迪尔克**（Charles Wentworth Dilke, 1789—1864）的争

---

* 作者这么说是因为歌德生于1749年，比济慈早；死于1832年，比济慈晚。——译者注

** 查尔斯·文特沃思·迪尔克，英国自由主义文学评论家和作家。——译者注

吵。迪尔克比他年长六岁。迪尔克当时搬进了在汉普斯特德*的一栋房子，和济慈住在一起。

迪尔克靠着一份在英国海军的文职工作谋生，但他对文学比数字更感兴趣，并且编辑了一本英国戏剧选集。济慈大概在一年前就辞去了他谋生的职位，一心扑在写作上。争吵的情形翻译过来是这样的：

> "我和迪尔克就不同话题发生过争论，或者更准确地说，提出各种质疑。一些事情在我脑海里闪过，我突然有了这样的想法，一个成功人士要拥有什么样的品质，特别是在文学上。尤其是莎士比亚，他在很大程度上具备这些品质——我指的是消极能力，当一个人独自置身于不安、神秘和怀疑之中，而没有迫不及待地要把事实和依据抓在手里。"[43]

当歌德仍以备受尊敬的贵族诗人身份居住在魏玛时，济慈却在照顾患肺结核的弟弟时也被传染了。在25岁那年——死亡已经临近了——他去了罗马，那时他几乎还是个籍籍无名的作家，一年后在那里去世。济慈认定自己出不了名，因此他没有在墓碑上刻自己的名字，只写了"**此地长眠者，声名水上书**"。今天，人们公认他写出了英文中最优美的颂歌。很难相信，在他生前评论家建议他放弃不成器的诗人身份，重新去

---

* 汉普斯特德（Hampstead），是英国北伦敦的一个区域，属于内伦敦卡姆登区的一部分，该区长期以来以知识分子、艺术家和文学家居住区著称。——译者注

做药剂师助手。

健康的自我陶醉是冥想式的。泉水边的那喀索斯*犯下的错误是妄想**拥有**自己的倒影。他保卫自己的倒影，不想失去它，因而不得不失去一切。完整的自信心使我们免于陷入盲目的行动主义。当处在怀疑之中时，我们要做正确的事——那就是什么也不做。站在原地，坐在原地，顺其自然，让自己体验焦虑感是如何慢慢消失的。仔细观察，盲目做事的冲动怎样比上次消失得更快一些，宁静是如何到来的，以及在全身心投入到生活中之后，对达到某个目标的强迫症是如何消失的。

---

* 那喀索斯来源于希腊神话故事。有一天，那喀索斯来到一口泉水旁边想喝水，他看见自己在清泉中的影子，突然产生了幻觉，出神地欣赏自己的倒影，甚至到了精神恍惚的地步。他身体渐渐消瘦，面色变得憔悴。最后，他由于爱恋自己在水中的倒影而憔悴致死。——译者注

4. 现在有了,啊!
法庭和媒体上的冷思考、暖思考与热思考

进入 20 世纪以来,社会上的职业不仅出现了分化,而且还出现了新的种类:"新的"协助者进入了规范化的、以客观事物为导向的"旧"职业。这些新协助者针对的主要是个人情感关系中发生的事情。它们的第一个代表人物是西格蒙德·弗洛伊德(Sigmund Freud)。他推动了古典医学向心理治疗的发展。在著作《歇斯底里症研究》(*Studies On Hysteria*)中,他写道:

"对于医生来说,这种做法费时又费力。它的前提是,医生对心理活动有极大的兴趣,并且亲自参与到病人的治疗中。我无法想象,我能够去深入研究一个人歇斯底里的心理机制。歇斯底里的人在我看来令人厌恶、反感。在进一步的熟识之后,我也无法对他们产生同理心。然而,我确实可以摒弃个人的好恶,去治疗脊髓痨和风湿病人。"[44]

"新""旧"协助者的区别不仅在于从业群体和他们秉持的基本态度。它们之间的区别会进一步在个体身上产生，还可能导致内心冲突。在时间成本中形成了这些冲突的典型表现。检测一个标准是很快的。然而，情感关系需要发展的空间——就像弗洛伊德所说的那样，在现实中拥有情感关系"费时又费力"。

因此，医生们强调他们实际上有多么重视对话和联系——只是等候室里已经人满为患了，他们根本没有这样的时间。相反，心理治疗师或街道工作者* 大概会强调，他们与他们帮助的人之间有着独特且开放的关系，以及在交流时与他们"平视"、在沟通时不带评判的随意自然。然而，心理治疗师和街道工作者也有一系列规范性的任务。如果他们想获得足够的经济来源，就必须完成这些任务。

旧的协助者抱怨说，他们的学徒越来越苛刻、吹毛求疵、感情用事；而新的协助者则抱怨社会没有给予他们工作足够的肯定。当司法与社会教育发生冲突时，人们对新旧协助者的不同认识之间的差距就变得尤为明显。一位检察官指控街道工作者妨碍司法，浪费纳税人的钱，因为他们试图与那些参加边缘群体聚会的摇滚乐手建立关系。

法庭上要对被告的精神状态进行评估，这个时候两者之间的对比就更明显了。冷思考和暖思考在这里狭路相逢。同理心在通常情况下都会吃亏，但我们行为中自相矛盾的地方也凸显了出来。这一点在引发轰

---

* 街道工作者，指亲近并设法帮助一个街区中有问题的或曾犯罪的青年人的社会工作者。——译者注

动的庭审程序中尤为明显——最近的一个例子是对德国右翼极端组织"国家社会主义地下组织"的审判。

辩护人请来了主要从事心理治疗的精神病学家约阿希姆·鲍尔(Joachim Bauer)。在和被告贝亚特·茨舍佩(Beate Zschäpe)的多次谈话中,鲍尔发现她有依赖型人格障碍、巨大的心理创伤和微乎其微的刑事责任能力。

法院指定的精神鉴定员亨宁·萨斯(Henning Saß)在此之前已经告诉法庭,他认为被告完全具有刑事责任能力。她不可理喻,是个性格强势、霸道的人,且和之前一样危险。这一说法和检方的陈述相符。茨舍佩否认曾经和这位鉴定员有过对话,也没有向他透露过自己的任何人生故事。萨斯一定是通过她在法庭上的行为和证人的证词来构建她的人格的。

茨舍佩和鲍尔谈了16个小时。鲍尔是一位有名的作家,他迄今为止发表的所有作品都和极右思想没有关系。2015年他在《日报》* 上写了一篇关于巴黎袭击** 的评论文章,从中可以看出他站在富有同理心的立场上。

"我们生活在一个被媒体完全网络化的世界里。因此即使在巨大的财富面前,那些在贫困中煎熬的人们依旧无法摆脱贫

---

* 《日报》是德国一家全国性报纸,报社位于柏林。——译者注
** 巴黎袭击指的是2015年11月13日晚在巴黎发生的一系列恐怖袭击事件,造成至少132人死亡,300多人受伤。——译者注

困。研究表明，收入和财富的不平等与每 10 万居民中的凶杀案数量之间存在线性关系。人的思维从来不是共产主义的，它容许人们生活在不同的经济条件下。然而，当明显的不公正和赤裸裸的特权相遇时，对不平等的容忍就到此为止了。这样的局面是当前全球的现状。

那么，怎样才能让不断产生恐怖分子的泥沼干涸呢？制造恐怖袭击的罪犯和他背后的指使者都应该被关进监狱。在潜在的恐怖分子制造恐怖袭击之前，我们应该把他们抓住。但这还不够。关于全球性恐怖主义最强有力的解毒剂，我们需要一种全新的思考方式：全球范围内的公正，以及杜绝地球上许多国家里的剥削和羞辱现象。"[45]

作者理解并且支持社会的安全需求，可与之相结合的却是他对恐怖分子的理解。他想遏制一切暴力——包括恐怖分子的暴力，以及为这种暴力行为提供温床的结构性胁迫因素。他在关于贝亚特·茨舍佩富有争议的鉴定中也采取了类似的态度。

鲍尔在几本科普书籍中引用了（神经科学上有争议的）"镜像神经元"，以此来强调人类与生俱来的共情能力。[46] 因此，他对被告的看法与萨斯完全不同。在他眼里，茨舍佩被绑在两个残暴的男人身边，遭受着乌韦·蒙德洛斯（Uwe Mundlos）和她的情人乌韦·贝恩哈特（Uwe Böhnhardt）的奴役与折磨，直至失去所有的反抗精神，为了折磨她的人"牺牲一切"。这明显是一个依赖型人格障碍的案例，承担刑事责任的能力有限。

在他详尽的鉴定报告[47]中，鲍尔详细地描述了茨舍佩灾难般的童年。还是婴儿的时候她就被母亲送走，从不知道自己的生父是谁。在生命的前五年里，她已经经历了母亲两次失败的婚姻。她的母亲是个无法在事业上立足的人，对女儿漠不关心，经常喝得酩酊大醉躺在家里。由于这样的情况，她的监护人共换了五次，这也对她产生了极大的影响。

鲍尔的报告中充满了感人的瞬间——比如说他描写道，小贝亚特如何向动物倾诉她的烦恼，因为母亲从不听她说话。她没有早饭可以吃，就去乞求其他小朋友给她一份，或者在幼儿园吃中饭之前，把每个碟子里的煎肉排挨个咬一口，因为咬过的食物就必须要吃完。鲍尔征得了同意，对这个饱受折磨的女孩表达了不少富有同理心的认同。这种态度已经预示了他之后和法院的矛盾。

对于深层心理学家*来说，充满内忧外患的童年和之后在性关系中发展出的高度服从性之间的关系是具有说服力的。鲍尔依照"依赖型人格障碍"的模式描述了茨舍佩与谋杀三人组中两个主犯之间不断变化的关系。在这段关系中，茨舍佩在对分手的极度恐惧中饱受折磨，并且一再遭受她男朋友乌韦·贝恩哈特的暴力——因而她难以说出自己内心对"非德国人"和一位德国女警察的系列谋杀的反对。

对茨舍佩形象的这一构建是鉴定报告中最薄弱的部分——联合原

---

* 深层心理学是指对无意识科学的实践和研究，涵盖了精神分析和心理学，它探讨了有意识和无意识之间的关系，以及动机和思想的模式与动力。——译者注

告的律师和检察官在法庭上也对此提出了反驳。在法医精神病学中,无责任能力,即因精神障碍而无法认识到行为的错误性,其判断标准要比鲍尔所认为的窄得多。

鲍尔得意地宣称,他已经成功发现了茨舍佩遭受暴力的惨痛经历。这些经历她从未向她的律师们提起过。然而,鲍尔利用这一点来为她参与三人组谋杀的意识形态开脱,这是站不住脚的,因为遭受暴力往往也是对他人施加暴力的诱因。鲍尔为茨舍佩辩护,好像她是他的病人,而他是她的医生一样。

从心理治疗的角度,鲍尔也详细地研究过,万一贝亚特·茨舍佩因为他认定其刑事责任能力有限而被无罪释放,她会带来什么样的危险。他按照自己的诊断思路争辩道:依赖型人格只有在依附于罪犯时才会变得危险。如果可以排除这种危险,对她的怀疑就没有理由比对普通公民的多。

鲍尔为贝亚特·茨舍佩辩护陈词的结论最终证实了这位失败的鉴定人对治疗的看法,同时也清楚地展现出了鲍尔被媒体和之后的法院解释为偏见与党派性的东西。或许现在已经成为可能的时间距离会让人们发觉,当被夹在争议双方之间时,人们会失去一些东西。在情感上,我们都希望自己生活在一个安全的世界里,能给我们的立场以庇护,让它不受影响。然而在理智上,我们必须意识到,在这个人口日益密集的世界里,为不同立场留出的自由空间已经缩小了。暖思考会遏制这样的冲动,即用恶意去对待那些不能或不愿理解这一点的人。冷思考则不假思索地放任自己沉溺于恶意之中。

审判观察员一开始怀疑法官会要求萨斯将鲍尔的调查结果纳入他的鉴定报告中。然而,当他们发现鲍尔在写给《世界报》*编辑的一封电子邮件中,把整个流程(他的解释是:只有在媒体上所呈现的)比作是猎巫行为**时,应一位联合原告的请求,他的鉴定报告被认定为有失偏颇而遭到驳回。

这位弗莱堡的神经科医生低估了自己来到了一个怎样的鲨鱼池里。当人们得知在自行传唤程序***中,茨舍佩的辩护律师曾经传唤过鲍尔后,一位《日报》的编辑向弗莱堡诊所的主任医师打听约阿希姆·鲍尔。这最终导致这位返聘教授在医院的工作室被关停——在此之前,他还在这间工作室里管理着一个正在进行中的研究项目。

鲍尔行事欠考虑,留下了对他进行论战性批评的把柄。然后这些批评就像雨点般落在他身上,充满了恶意。许多年来,他作为一名心理医生,一名心理医生培训师,一名呼吁以乐观的态度对待精神障碍和心理扭曲的斗士,都是非常成功的。他是公众和心理学界的宠儿。而现在,他面临的是一个不放过任何机会贬损他和他的鉴定报告的媒体。

比如,在一次和茨舍佩的谈话中,鲍尔把六块用透明塑料袋单独包

---

* 世界报(Welt),是由德国 WeltN24 GmbH 所拥有的电视新闻频道,原频道名称为N24。其节目除新闻外,还会播出资讯娱乐、纪录片、财经资讯等节目。——译者注

** 猎巫行为原指搜捕女巫与巫师或施行巫术的证据,并将被指控的人带上宗教审判法庭。现在这一表述引申为一种道德恐慌及政治迫害。——译者注

*** 自行传唤程序,法律用语,指被告人和当事人可以自行传唤证人、鉴定人到主审现场。——译者注

装的夹心巧克力糖带到了候审拘留处,和他的文件一起拿在手里。狱警提醒他,不能给囚犯带任何东西。鲍尔于是把巧克力糖锁了起来。媒体把它解读成鲍尔试图向狱中的茨舍佩走私巧克力糖——这清楚地表明了这位鉴定员的天真和偏心。[48]

为了反抗左翼自由派媒体的这种"煽动",鲍尔向保守派的报纸寻求支持,并给《世界报》的主编写了一封电子邮件。他描述了他的愤怒,并提出要在一篇文章中详细介绍他关于茨舍佩人格障碍和她男朋友对她实施暴力的发现。文章还会解释新联邦州[*]的极端化是在什么条件下被激化的,以及当前对于被告人的"猎巫行为"有什么样的背景,她现在被描述成了"女人身体里极大的邪恶"。谁要是对这一立场提出质疑,就会"被《南德意志报》和《明镜周刊》攻击和枪毙",因为"毕竟烧死女巫应该是很有趣的"。[49]

心理医生要在某种程度上坚信人类的优点——客观对客观,信任对信任,谨慎对谨慎。然而,和司法相比,媒体不仅更激进,而且更冷漠。不知道《世界报》的责任编辑们有没有讨论过失信的问题。不管怎么说,这封电子邮件在未经鲍尔同意的前提下被公开了。它为联合原告的律师提供了必要材料来抵制鉴定员鲍尔,因为他有所偏袒。鲍尔仍试图在回应中澄清,他使用焚烧女巫的类比抨击的不是法庭,而是媒体。然而已经晚了,从那时开始,他的鉴定不再有效,对接下来的审判也不再能产

---

[*] 新联邦州,指东德的联邦州;柏林墙倒塌后,原东德各州并入西德,因此被称为"新联邦州"。——译者注

生什么影响。

这场对德国国家社会主义地下组织旷日持久的审判*在慕尼黑进行。在这里,有档案资料显示,精神鉴定的传统有很大问题。精神病学家伯纳德·冯·古登(Bernhard von Gudden)对路德维希二世精神错乱的诊断结果导致这位国王失去了王位和生命,可他从来没和国王谈过话,只是短暂地见过一次——具有讽刺意味的是,这次见面是在这位功勋显著的医生晋升为贵族的典礼上。

冯·古登根据证人的证词和对文件的研究来对这位显赫的"病人"做出判断——我们现在的印象是,他的判断是错误的。[50] 他鉴定报告的结果正中国王政治对手的下怀。古斯特尔·莫拉特**(Gustl Mollath)的案例同样令人记忆犹新:当时《日报》对那些法医鉴定员进行了猛烈的抨击,因为他们不与被鉴定人交流,也不设身处地去理解他们。

一名男子因为离婚纠纷中本身无害的暴力犯罪和遭受的财产损失被送进法医精神病院。他坚持认为:他的妻子和大银行共同策划了一个阴谋,而他是这个阴谋的受害者。他拒绝配合任何神经科医生。

他的抗议并没有促使医生对他进行更准确的观察,而是导致他在医院住了好几年。直到社会环境发生了改变,银行洗钱的规模引起了媒体的关注,复审才有成功的希望。现在,媒体言辞激烈地为他的"无辜"辩

---

* 这场审判从 2013 年持续到了 2018 年。——译者注

** 莫拉特在 2006 年的刑事审判中被指控犯有几项罪行,同时被专家确定为无犯罪能力,后被送往高安全性的精神病院。因为法院认为他对公众构成危险,并根据专家对妄想型人格障碍的诊断宣布他疯了。——译者注

护。在复审中法庭宣布他无罪释放。

这位公民对这一程序提出了质疑,心理医生在未与人交谈的情况下就对一个人的精神状态进行评估。他想到了那个狮子的寓言。狮子要分享一样东西,于是建议抛硬币:"正面我赢,反面你输!"如果我听凭自己接受评估,医生就会宣称我有问题——如果我拒绝接受评估,他就会宣称我是真的出问题了。

法庭上,动了感情的关系是大忌。根据法学思维,它们会影响判断,阻碍客观性。相反,在关系协助者的世界里,几乎没有比专家没有"参与"到一段关系中,并且不抱有同理心更严重的指责了。这样他要怎么去理解救助对象,又怎么能接触到那些生病或者适应社会的能力受损的人?

精神病学诊断并非自然法则,随着医院院长的更换,它可以像幽灵一样出现或消失。加拿大医学史家爱德华·肖特(Edward Shorter)已经描述过在巴黎传奇医院——沙普提厄医院* 中的这种情况。在让-马丹·沙尔科(Jean-Martin Charcot,1825—1893)担任院长期间,有大量歇斯底里症的确诊病例。而他的继任者,约瑟夫·朱尔斯·德杰林(Joseph Jules Dejerine)接管医院后,却鲜少有这样的病例记录——因为院长不想做这样的诊断。[51]

在已经过去很久的对米凯拉·罗德(Michaela Roeder)的审判中,新旧协助者之间、法学思维和心理学思维之间、冷思考和暖思考之间的区

---

* 沙普提厄医院是巴黎第十三区的教学医院,是欧洲最大的医院之一。——译者注

别昭然若揭。1989年,这位护士被指控在1984年2月到1986年2月间以狠毒的方式,并出于卑劣的动机杀害了17个人。

两位经验丰富的鉴定员——精神病医生埃伯哈德·朔尔施(Eberhard Schorsch)和心理医生赫伯特·梅希(Herbert Maisch)——他们通过和被告长时间的交谈,弄清了她这一行为的背景——其中几位老年病外科医生共谋的巨大罪行也浮出水面:他们为被告"提供"她工作的重症监护室。即使如此,检察院仍然坚持这一指控。

米凯拉·罗德的职责是"照顾"那些病人,他们接受了手术,却没有希望能重新获得可以接受的生活质量。比如80岁的奥托·K(Otto K.),他患有糖尿病、高血压、肺炎、胆囊穿孔、肠梗阻、肾功能不全。他在去世前四天接受了手术。92岁的恩斯特·D(Ernst D.)因胃溃疡穿孔接受了手术。他本来就有严重的心脏病、腹膜炎,还有脑血液循环问题。75岁的艾美·W(Emmi W.)两年内做了四次手术:先是因为癌变而切除了部分结肠和膀胱,然后又切除了部分小肠,最后还要放置一个人工肛门。

检察官提出了"卑劣的动机",因为杀人犯利用了患者毫无反抗之力这一点。病人们毕竟同意了手术,这就说明了他们有活下去的愿望。让检察官愤怒的是,在对米凯拉·罗德的诉讼过程中,两名鉴定员对被告的情况产生了理解之情,他们建议法庭判处她"无恶意杀人罪"而不是故意杀人罪*,并且接受这一点:如果没有这么多不幸的情况同时爆发,事

---

* "无恶意杀人罪",德语原文Totschlag,和故意杀人罪(Mord)的区别在于,故意杀人罪的犯罪动机带有恶意,而"无恶意杀人罪"没有。——译者注

情不会走到这一步。罗德也已经认识到了她的行为是不公正的。

检察院极力反对这一观点,认为鉴定员不客观,因为他们在这么多次谈话中已经与被告建立了私人关系。

检察院最终自己指定了一位鉴定员,他成功地避开了这种关系:

> "在伍珀塔尔*,布雷塞尔教授自然是给出了诉讼方想要的鉴定结果。他的存在令人恼火,有他在就没有安宁。"[52]

《明镜周刊》的法庭记者格哈德·莫兹(Gerhard Mauz)如是写道。他继续写道:

> "此外,经验丰富的梅希在他的鉴定报告中找到了那些句子,可以用来解释为什么他和朔尔施在如此罕见的案例中要如此努力地保持严格的克制:将人的行为方式、行动和犯罪的'驱动力'归结为单一的动机,这是一种规范性的、法律意义上的评判。但从行为科学和人文科学的角度看,这种做法既没有希望也没有意义。"

经过8个月的审判,米凯拉·罗德于1989年9月11日被判处11年

---

* 伍珀塔尔是德国北莱茵-威斯特法伦州山城地区的一座城市。——译者注

监禁,罪名是五项"无恶意杀人罪"和一项得被害人承诺的杀人罪*、一项过失致人死亡罪和一项故意杀人未遂罪。

在其他案件中,法院宣告米凯拉·罗德无罪。检察院大费周章地挖出了 28 位已经去世的患者的遗骸,尽管米凯拉·罗德已经交代了自己的罪行。检方代表向联邦最高法院提出上诉,但没有成功。在服完三分之二的刑期后,米凯拉·罗德现在已经刑满释放。她会用新的名字在一家兽医诊所工作。[53]

把这件事和被判犯有多起谋杀罪的贝亚特·茨舍佩的愿望——"和动物们"打交道——联系在一起,这么做有些过于简单化了,因为她们犯罪的背景有很大的差别。但从自我意识和社交能力早期障碍的经验来看,这种平行关系又似曾相识。

有些人无法把自己牢牢地、深信不疑地和最重要的所爱之物绑在一起。对于他们来说,动物是他们的所爱之物,因为它们的温暖清晰而亲切。恰恰是动物能带来安全感。由于和人打交道的负面经历,在这些人身上并不具备这种安全感。他们对于自己成长过程中的不利环境没有丝毫责任。因此,哪怕他们在成年后做了可怕的事情,那些对他们从童年开始的成长历程有所了解的人就会倾向于原谅他们。而法学并不这么看。它根植于另外一种传统、另外一种思考中,并由此发展出了另外一种亚文化。

---

* 得被害人承诺的杀人罪,德语原文为 Tötung auf Verlangen,意为得到被害人的授意而杀人。在学理上有"同意杀人罪"的说法,但我国刑法并未对此做出明确规定。——译者注

法医精神病学家有一项艰巨的任务。哪怕经过长期的研究,通过专业的努力去探索知识和信念,他们也始终无法做到尽善尽美。如果他出错了——无论在哪个方面——他都会受到公开的指责。这些指责给自己的陈词滥调披上了华丽的外衣:在这之后我们都会变得更聪明。

当一个健康的人不得不在与世隔绝的精神病院里度过一生时,民众会群情激愤。而反过来,如果一个性犯罪者在经过惩罚和治疗后,被认为已经改过自新——但实际上并没有——而得到释放,民众同样会极其愤怒。专家们是失败的。首先,因为他们囚禁了无辜的人;其次,因为他们释放了罪犯。青年福利办公室的专家们也是如此:他们会因为怀疑而把孩子从爱他们的父母身边带走吗?当吸毒的父亲放任幼童渴死时,他们会袖手旁观吗?鉴于社交媒体的回声室效应,这种猜忌会给受众留下压倒性的印象。和猜忌的冷漠以及这种印象相比,常规的司法几乎是无害的。

冷漠、温暖和狂热

茨舍佩案的有趣之处不仅在于,它阐明了新协助者与旧协助者、冷思考与暖思考之间的对比,还在于它的政治层面。乍一看,它似乎驳斥了恩斯特·布洛赫*（Ernst Bloch）的名言："右翼说的都是假话，但他们与人们对话；左翼说的都是真话，但他们只谈论事实。"德国国家社会主义地下组织的罪犯们根本没有成功地和人们对话。他们在整个行动过程中几乎没有尝试过去做这方面的事，就像后来茨舍佩在沉默中期待着，却几乎没有让任何一个人相信她——而人们却相信希特勒和戈培尔**（Goebbels）并为他们欢呼。

警方与媒体一开始打算按照"移民的暴力倾向"这种模式来解释这些谋杀案。这一打算再加上谋杀案的匿名性，使得被害人的家属承受了很大的压力。它们同时也导致了，对于一个用同理心和侠义心去对待谋杀案参与者的鉴定员，人们不是在内容上批判他，而是去贬低他这个人。

茨舍佩至少赞同，并且纵容了这件可怕的事情。按照法院的判决，她甚至参与策划并帮忙掩盖这些罪行。但是，公众对于被害者亲属在公众场合受到的对待集体感到不安，或许这也导致了茨舍佩不仅因为她律师的失误，也因为当局的道德败坏而承受了严厉的刑罚。律师和当局疏于调查，也就无法消除怀疑。特工们不仅失败了，还包庇了罪犯。

在处理创伤情境时，我们往往可以看到，过去的东西延伸到了现在。对于过去了很久的事情，人们理应能够心平气和且带着同理心去谈论它。但对于创伤来说，要做到这一点似乎是不可能的。

任何创伤经历都会削弱人们对恐惧与愤怒这些原始冲动的控制能

---

* 德国马克思主义哲学家。——译者注
** 保罗·约瑟夫·戈培尔，在纳粹时期担任德国国民教育与宣传部部长。——译者注

力。这些冲动根植于脊椎动物战斗—逃跑的反应中,并具有强大的遗传基础。文明的进程建立在对这种冲动越来越强的控制之上。[54] 从历史的角度看,在个体化的文化中,当文明需求的压力越来越大,民众的不安到了无法忍受的地步时,精神分析可以被理解为关于二次社会化的理论。

这些原始的冲动会促使人们采取更迅速、更激进的行动。要同它们进行斗争,光靠理性是不够的。就像以毒攻毒一样,人们用恐惧来对抗愤怒,对痛失所爱的恐惧则成了社会控制的工具。孩子们害怕失去母爱带来的社会保护,于是屈从于受教育的要求。如果第一反应的冲动能够放慢并缓和到一定程度,留出"试错"的空间——这是弗洛伊德为这种思想起的名字,对矛盾和冲突的处理就算成功了。这一术语中已经包含了被后来的学者们称为"抑郁心位"* 或者"心智化"** 的东西。它的关键在于不冲动行事(或做判断),而是要区别对待,"放任"矛盾;这样一来,人们才能在其多义性中同时认识到并接受它们。

---

* 抑郁心位(depressive position),是梅兰妮・克莱茵(Melanie Klein)定义的儿童成长过程中的重要心理结构。最开始的时候个体(婴儿时期)仅仅拥有对客体碎片化的原始体验,为了保持内心的稳定性和全能感,个体将体验分裂成好坏两个部分,与好客体亲近而远离坏客体。此时个体的愿望是占有好客体和毁灭坏客体。但随着两个客体的重合,个体体会到其中的矛盾:占有和毁灭都是可怕的。于是婴儿带着不可得的嫉妒、愤怒与巨大的哀伤进入抑郁心位。在这里,个体不得不哀悼自己曾有过的愿望,连同哀悼自己曾有过的全能幻想。最终,个体接受了这个现实,生命中的客体表象得到了整合,同时个体从中发现了自己。——译者注

** 心智化(mentalization),由心理学家彼得・福纳吉(Peter Fonagy)提出。在心理学中,心智化是一种理解自身或他人的心理状态的能力,这种心理状态是表面行为的基础。心智化可以被视为一种富有想象力的心理活动形式,它使我们能够根据心理状态来感知和解释人类行为。——译者注

在冷、暖、热三个比喻中，愤怒的冲动、性的吸引和逃避是热的。如果彻底压抑它们，就会产生冷思考。冷思考遵循着安全/不安全、对/错、善/恶的二元标准，它优先考虑的是在生存斗争中的作用以及权力原则。而反过来，当人们不那么彻底地压抑原始冲动时，那个体验、观察着一切的"我"有足够的安全感，矛盾的存在得到允许，人们可以试探性地认同那些会带来轻微恐惧、厌恶以及欲望的情况——只有实现了这些，暖思考才能成为可能。带着同理心去处理自己的和他人的冲动、在身体反应中感知到的冲动，以及在试探性认同中认识到的冲动，然后再决定接下来的行动策略。

迅速而有破坏性地行动

"快速行动，打破常规。"多年以来，这是近代最强势媒体的内在理念。带着这样的理念，脸书（Facebook）踏上了它胜利的征途，成为同行中最大的"数据章鱼"，从用户口袋里窃取他们的秘密，不是把产品卖给人，而是把人卖给产品。后来，该公司的联合创始人兼首席执行官马克·扎克伯格（Mark Zuckerberg）重新定义了这一口号，并试图把它包装得更具有长久流传的价值："稳中求快。"——因为事实证明，过于仓促的行动导致了犯错，而犯错引发了人们对脸书的愤怒。

2014年，由于脸书修改了它的格言，人们的愤怒又增加了。来历可疑的机器人程序在脸书上散播谣言，大规模干预选举活动，包括唐纳德·特朗普（Donald Trump）的选举以及英国脱欧的公投。

前几天，一位同事向我讲述了她为诊所购买一台新的录音电话的过程。旧的那一台装有录音带，已经用了很久了。新买的则是数码的，录音储存在芯片上。摆弄了一番后她成功设置好了程序，可录下来的声音让人难以理解，播出来的声音听上去非常吓人。

我的同事把机器拿回商场投诉。卖家立即同意了退货。

"我觉得，这让事情方便了不少。"我的同事称赞道，"这个商家真是通融！"

"请您不要这么想。"卖家说道，"事情只是这样的：公司省去了出厂前的检查。如果机器有哪里坏了，顾客自己会反映的。他们在您买的这台机器里装了有问题的芯片。您一定不要认为，他们会去修理什么东西。如果他们相信您说的这机器有问题，他们也可以把它扔掉。"

"我不理解。"一位市级大医院的高级护理主管说。五年前，这家医院已经改制为有限责任公司。"你会认为，在某些时候，这一过程将会停下。你又能够知道，自己在哪个框架下工作，整个结构是什么样的，谁属于哪里。但事情并不是这样的。每个月我们都会收到总经理新的文件，上面写着新的计划，要重新安排所有事情,因为上一次的新安排又出问题了。他总是把效率挂在嘴边。最近的一次他是这么说的:'在我们公司里,不是好的取代坏的,而是快的取代慢的。'似乎没人思考过忍受这些动荡的代价是什么,有多少人会精疲力竭,满心忧虑。有同事在过去的半年里换了许多次办公室,有的团队在一年内所有成员集体辞职或调离。"

在中世纪锡耶纳*(Siena)的市政厅里,安布罗乔·洛伦泽蒂**(Ambrogio Lorenzetti)在1337年左右开始绘制城市和乡村里好政府和坏政府的壁画。这些壁画一直保留到现在。谢天谢地,锡耶纳的市民们对扎克伯格的格言一无所知。这样一个建筑和思想保存了600多年的地方代表了人类的一种可能性,这种可能性既属于我们,也属于这个世界——在这个世界里,为了实现利益最大化,一切都必须尽可能快地更新换代。

中国企业家承诺,他们的摩天大楼寿命大概有50年。我扪心自问,很多上海市民在看到自己的城市时,是不是和我有同样的感受:只要我屏蔽掉所有的感情,我就会看到巨大的技术和组织成就。然而,一旦我带着感情去观察它,我就会毛骨悚然——这能行吗?人们考虑周全了

---

* 锡耶纳是意大利托斯卡纳大区的一座城市,也是锡耶纳省的首府。其老城中心区1995年被联合国教科文组织列为世界文化遗产。——译者注

** 安布罗乔·洛伦泽蒂是一位意大利锡耶纳画派的画家,活跃于1317—1348年。他最著名的作品是壁画《好政府与坏政府的寓言》,位于锡耶纳市政厅的九人大厅。——译者注

吗?它还有根吗?

想要将全球文明保持在美国的水平,我们至少需要五颗像地球那么大的行星。弗洛伊德在谈到美国时说道:"这是个错误,也许是一个巨大的错误,但它无论如何是个错误!"虽然他考虑的可能不是生态问题,但事实证明他的直觉是对的。

人们不再广泛地规划产品,进行长期的开发、测试,而是快速地开发出样品。人们放任这种不成熟的产品进入市场。人们观察所发生的事情,学习搜集到的数据。然后,人们又开发出新的样品——就这样循环往复。

我提到这一点,是因为冷思考和热思考都是快速的,而暖思考是缓慢的。同理心和温柔需要有它们的空间。那些不想把孩子和洗澡水一起倒掉的人*,比那些急于求成的人需要更多的时间。急于求成的人不会有耐心去仔细研究,那些闪电般被淘汰的、被贬值的、被打压的东西是否也包含好的一面。在我们全神贯注于迅速的战斗—逃跑反应时,这些好的方面被忽略了。

耐心是不折不扣的温暖美德。如果人们不能对一些事物抱有耐心,不愿意评估发展速度的快慢,教育者和医生就无法做好他们的工作,家长就无法在孩子身上获得快乐,恋人会践踏他们之间的感情。

在缺乏监管的竞争中,破坏会胜出,因为摧毁一样东西比保护它来

---

* "把洗澡水和孩子一起倒掉"是一个著名的典故,意思是不分清精华与糟粕而全盘否定一个事物,不分青红皂白一概拒绝。——译者注

得更快。前数字时代的许多机构都配备了安全阀和制动器。严肃报刊的编辑在文章发表前都会检查是否有事实性错误,议会会对议题做广泛的讨论。

选择最快捷的路是不明智的。在流传已久的"十字口的大力神"寓言中,有一条陡峭而狭窄的美德之路。相反地,平地上那条通往地狱的道路宽敞而平坦。那些延续了很久的东西最终都会派上用场,这是政治和要求专业技艺的行业中的格言。马克斯·韦伯的"慢慢钻厚板"的比喻形象地说明了这种立场。

这一过程允许,有时候还保留相互冲突的观点——但不会一直都这样,因为在仓促地作出决定时,议会也会遭到调唆,被情绪左右。然而,在数字化的世界里,效率无处不在。它严重缺乏监管,但一开始也受到了热烈的追捧。在那些很久之前就广为人知、让兽性力量成倍增长的机器之后,效率创造了这样一个神话:它也发明了一种机器,仅凭速度就能让我们的智力以几何倍增长。

想要成为国际象棋大师,不能只靠聪明,还要与其他国际象棋大师长年对弈。然而,像谷歌的阿尔法零* 这样的学习型计算机程序,则会使用一种复杂的算法,以极快的速度与自己对弈几个小时。现在,阿尔法零对于人类来说已经是不可战胜的了。

现在,在国际象棋和类似的侧重策略的游戏中,计算机程序已经碾压了真人棋手,于是进行竞赛的不再是人类,而是这种程序的不同版本。

---

* 阿尔法零,即 AlphaZero,是由谷歌公司开发的人工智能。——译者注

它们有智慧吗？如果智慧与洞察力和思考相关的话，那么它们没有。游戏遵循着规则，程序应用这些规则。它的优势在于速度和忍耐力：它不睡觉，不做梦，也从不走神。

2018年的一次意外事件表明了，要把同理心程序化是一件多么困难的事。吉莉安·布罗克尔（Gillian Brockell）在十二月份给"数据章鱼"推特（Twitter）、脸书和照片墙（Instagram）写了一封公开信。她提出了一个问题，这个问题在社交媒体上引发了一阵愤怒和同情的狂潮：为什么你们能知道我怀孕了，却对我孩子的死亡一无所知？这位作家对新媒体很熟悉，她是《华盛顿邮报》网络版的一名视频编辑。

布罗克尔也在社交媒体上发布过自己怀孕的喜悦之情；之后当婴儿停止了活动，她又写下自己可怕的怀疑；最终发布的是她产下了一个已经死亡的男婴。她和丈夫为此悲痛欲绝。他们的朋友发来哭泣的表情包。

然而，由脸书操控的手机个性化广告推荐并没有停止，而它们也毫无意义地增加了悲痛的父母的痛苦。每位用户对这一点都已经习以为常：虽然自己早就已经买了新的耳机，但手机里还是铺天盖地的耳机广告。算法遵循猎枪原则：开枪的次数越多，子弹命中的可能性就越大。无效的投放不会给企业带来任何损失，即使它会让顾客痛苦不堪。

当布罗克尔针对她怀孕一事发声后，脸书算法在第一时间做了回应。她的数据已经被卖给了公司。这些公司售卖准妈妈和妈妈们需要的一切产品，从孕妇装到教育贷款。当布罗克尔生下一名死婴时，数据采集器核心的金钱机器没有对此做出反应。

在美国,每年有 26 000 名死婴,全世界有超过 100 万名。脸书有 200 万名用户。布罗克尔在她的公开信中质问,关爱这些产下死婴的女性难道就不重要吗?她描述了这种感觉:

"当你在床上抽泣了好几天后,终于走出医院,怀里空空如也。你伸手去拿手机来分散注意力,直到又一次嚎啕大哭。一切都好像你的孩子还活着一样,你心都碎了……而当我们这些千万个伤心欲绝的人们试图补救,点击'不再接收此类广告'时;当我们面对'为什么'这个问题残忍却真实地回答'它与我无关'时,你们科技公司知道自己的算法认定了什么吗?它认定你已经生下了一个孩子。它简单粗暴地假设了这个幸福的结果,并铺天盖地地向你推送最好的哺乳文胸广告(我现在胸前贴着卷心菜叶子,因为从医学的角度来说,这是最好的抑制奶水的方法),推送哄宝宝入睡的小技巧(如果能听到他的尖叫,我愿意付出所有代价),推送陪伴宝宝成长的最好的婴儿车(我宝宝的重量永远是四磅一盎司)。"[55]

在文章里,布罗克尔攻击的不是社交媒体,而是广告机器的冷漠。她希望能有更多的同理心。作为数字时代的女儿,她也提出了相应的建议:

"你们没看到我在谷歌上搜索'早产'和'宝宝不动了'吗?

你们没有记录到我三天没有打开网页,而这对于像我这样的高频用户来说很不寻常吗?你们也没有记录到,当我们告知亲朋好友这个消息时,使用了诸如'心碎''问题'和'死婴'这样的关键词,还有他们发来的200个哭泣的表情包吗?这难道不是你们可以追踪到的吗?"

看了她的文章后,人们都表示同情。可是,在冷漠才能保证更快收益的领域允许温暖的加入,数据收集者有多大的意愿会这么做,人们又表示怀疑:迅速行动,然后心碎。*

双重冷漠

2019年6月初,护工尼尔斯·赫格尔(Niels Högel)因85起谋杀案被奥尔登堡法院判处终身监禁。在复杂的审理程序中,法医挖出了逝者的遗体,调查了130多起疑似案件,并确认了赫格尔在其中85起案件中的嫌疑。然而,赫格尔很可能杀害了比这多得多的重病患者。他作为一

---

* 原文"Move Fast and Break Hearts"化用了科学和工业中的一句口号:Move fast and break things,即"快速行动,打破常规"。意思是在一个高度竞争和复杂的环境中,犯错是创新的自然结果。这里"打破"的东西从"常规"变成了"心",体现了作者讽刺的态度。——译者注

个已经被定罪的人坐在被告席上，因为他不仅仅是在奥尔登堡杀害了许多信任他的病人。当审理程序还在进行之中时他就知道，自己永远都不会获释了。

在这个过程中，以及在关于这个过程的报道中，苛求和矛盾逐渐显现出来。导致这些苛求和矛盾的原因是司法和同理心的混杂。罪犯是，而且一直是异类。那些不在他世界里的人永远都无法理解他的行为——在这个世界里，他从未有过同理心，最多只能假装同情，但实际上他沉迷于掌控他人生命所带来的快感。

那些在重症监护室工作，并且有能力和他人进行共情的人，不得不面对许多无力和悲痛。有的病人死里逃生，之后却常年重病缠身。对于他们来说，死亡或许更加仁慈。有的病人死了，尽管他们自己和他们的亲人都希望他们能活下去，除此之外别无所求。医生和护理人员都必须学会和这些捉摸不透的事情共处，这样的事情在重症病房里随处可见。他们可以维系生命，但做不到逆天改命。

> "'赫格尔先生，你的行为令人难以理解。'法官贝尔曼说，'你作案如此之多，已经超出人类理性所能理解的范围。[……]你罪孽深重，难以估量。'"[56]

这种排斥是冷思考特有的反应。在哥伦拜恩高中（Columbine High School）枪击事件发生后，美国时任总统比尔·克林顿（Bill Clinton）表示，18岁的埃里克·哈里斯（Eric Harris）和17岁的迪伦·克莱伯德

（Dylan Klebold）要对此次暴行负责："也许我们永远都无法真正理解。"[57]

从这样的断言中我们可以看出，说出这种话的人试图在内心深处远离自己那一部分在此发挥作用的灵魂。然而，杀人犯的动机对我们来说太熟悉了，每个对人性的阴暗面稍有洞察力的人都知道这些动机。伟大的自省者歌德说过，他觉得自己有可能犯下任何罪行。海因里希·海涅（Heinrich Heine）则诉诸讽刺：

"我有着最平和的性格。我的愿望是：一间简陋的小屋，茅草屋顶，但要有一张好床，有好吃的，有牛奶和黄油，要很新鲜，窗外有花，门外有几棵好看的树。如果亲爱的上帝想让我开心，那就让我体验看到六七个敌人被吊死在树上的快乐。我会怀着感动的心，原谅他们生前对我的所有非难——是的，人必须要原谅自己的敌人，但要在他们被绞死之后。"[58]

歌德和海涅说的都是幻想。他们告诉我们：把真正的犯罪者和普通人区别开的，不是他们捉摸不透的犯罪动机，而是他们缺乏对抗力，不能与原始的侵略性保持距离。

不仅是在受到羞辱时，小孩子会不顾一切地大发雷霆，他们还可以毫无负担地对生物进行"探索"——比如说，他们会撕开苍蝇的腿或翅膀。当他们利用凸透镜像激光束一样杀死蚁穴里的蚂蚁时，他们觉得自己很有掌控力。无数电脑游戏利用这一掌控感，创造了一个价值数十亿的市场。

大多数人都要学习如何抑制、控制这一冲动。他们深知其危险,害怕受到惩罚,能够切身理解受害者和他们的痛苦,他们总结出了这样一个原则:己所不欲,勿施于人。然而,实现文明行为的进程并非稳步向前,而是有倒退的危险。

从侵略性行为中获得快感的人,比文化中的虚伪所愿意承认的要多。人类的本质就是这样的。只要我不需要太担心因为它们而吃亏,我就能尽情享受从中获得的胜利感觉。每个市政府都知道这一点,任职的官员蜂拥而出,去清除破坏的痕迹。公园长椅、垃圾桶、交通指示牌都惨遭毒手。这当然不能与谋杀相提并论,但也同样的"不可理解"。凡是有监控摄像头的地方,破坏者就会变少。

最近,互联网每天都在告诉我们,要唤起最凶残的幻想有多么容易。编辑部很乐意收到读者的来信——并不得不在数字化版块聘请专家,以应对大量的电子邮件。那些用手在纸上写字的人,大多会仔细思考他要表达的内容。自打从大脑深处到屏幕的旅程可以在几秒钟内完成后,用强奸和谋杀的威胁对政治对手进行狂轰滥炸,这一做法像瘟疫一样蔓延开来。一旦发现有利条件,野蛮的侵略性就能被激活。

关于尼尔斯·赫格尔罪行的报道一方面讲述了这一德国战后历史上最大规模的系列谋杀案,以及人们为了查清这些案子而做出的巨大努力,还有对已经判处无期徒刑的罪犯重新判刑的程序。庭审大厅后面常常坐着"心脏"专案组*的 25 名成员,他们挖出了 134 具尸体并告知许多

---

* "心脏"专案组(soko kardio)是为了调查这起案件专门成立的专案组。——译者注

被害者家属，他们死去的亲人是被谋杀的。

"我感觉我就像是死神的登记员。"法官说道——他的这个说法和人们在面对奥斯维辛屠杀时所说的不谋而合，当然两者的背景完全不同。[59] 法官在法庭上制造了双重束缚：一方面，他宣称这是一个正义的问题，因为那些施以仁慈的人无视受害者的权利。另一方面，他又抱怨赫格尔没有说清楚他的作案动机，他甚至说到了他和他同事们的心痛，因为他们没能找出这些罪行真正的原因。人们拒绝采用换位思考的方法，却又抱怨缺乏洞察力。而这种洞察力只有通过换位思考才能获得。

法官又说道："我们实在搞不清楚这些罪行的动机。到最后也没能看透。"但只要计算出赫格尔在美国会被如何量刑，他心里就踏实多了。在美国，常见的做法是把每一起谋杀案的刑期叠加起来：即使每起谋杀案只判15年（谋杀的最低量刑），加起来也有1275年。

司法量刑依据的并不是同理心，而是冷酷的逻辑。然而，现在它不止是一只眼睛瞄着媒体。媒体觉得逻辑无趣，它注重的是激起受众的同理心。于是就出现了这样的典型情况：司法机关为自己缺乏同理心开脱责任，但它却斥责被告缺乏同理心，甚至在赫格尔一案中向受害者道歉，因为它做不到在法庭上众人一头雾水时，让被告说出自己的作案动机。

司法量刑生来就不能讲究得体：凡是出于同理心放过嫌疑人，不追查线索的，都是妨碍公务罪，要处以5年以下有期徒刑。当然了，对于这种情况，本款不适用："心脏"专案组在追查赫格尔案近十年后，拒绝告知130位疑似被害人的家属，在奥尔登堡和德尔门霍斯特医院里曾有病人被注射致死，而他们的亲人是受害者之一。

至此，所有的虚伪都变得显而易见了：它在遭到媒体渗透的司法系统中炮制假冒伪劣的东西。法庭声称，它希望能帮助受害者亲属"最终重获安宁"。

如果在多年以后，一个家庭已经接受了父亲、母亲在重症监护室去世的事实，能将失去亲人的痛苦置于对生命短暂的普遍哀痛中，那么他们一定难以接受这样的消息，他们亲人的死亡不是不可避免的，导致他们死亡的是一个护工利用谋杀来出风头的欲望。

对罪犯的审判要为激动和愤怒的亲属"最终带来和平"，这种说法霸道且厚颜无耻，它把减少不好的影响当作是一种恩惠。

司法的天职是破案。那些被牵扯进谋杀案审判中的人，没有人征询过他们的意见；他们落入侦查人员的手里，就像落入强盗的手里一样。对于法庭来说，与其捶胸顿足，声称要通过刑事程序给受害者家属带来安宁，不如为撕开了他们久远的旧伤口——为了法治社会——而道歉。我不知道"心脏"专案组的警察是如何委婉地告知受害者家属，警方需要挖出他们亲人的遗体的。但我猜，他们很少扪心自问，是否有的家属根本不愿意改变目前的处理模式。

如果把挚爱亲人的离去理解为疾病的必然后果，理解为自然发生的事情，而不是由罪犯行为所带来的，那么它会更容易接受。但反过来，当对他父亲的谋杀案让法庭焦头烂额，却没有人告知他这件事时，任何一个成年公民都不会感觉受到了尊重。但在这种情况下，若是未曾征询过亲属的意见，他们也不被允许参与决定，那就不太合理了。

检察官下令挖掘尸体，即使家属宁愿让死者安息，而不是调查谋杀案。于是,在这一过程中采用的查案方式本身成为一种目的,毫无同理心和理性的功能——特别是当被告人的罪行早已成为板上钉钉的事实时。多杀还是少杀一个人不会对量刑结果带来任何改变。

冷思考把知识奉为真理,因为从根本上来说,它要好过无知。相反,暖思考为两者都留出了空间。经历这一切的自我必须要在虚假的表象和难以接受的认知之间找到自己的路。如果弗洛伊德认为,研究那些令人不适的真相能让事情变得更好,那么他会下定决心去做。然而他也深知,一旦在深渊中探寻成为原则,就会带来危险。在《文明及其不满》一书中,他引用了弗里德里希·席勒的《潜水者》:

> "国王万岁!让他欢悦吧,
> 他在这玫瑰色的光芒中呼吸!
> 这底下却可怕,
> 人不可试探众神,
> 从未,从未想要窥视,
> 他们仁厚地用黑夜与恐怖所掩盖的一切。"[60]

5. 理想化与不当行为
助手与和助手有关的冷思考

在世界各大宗教中,基督教在现代社会发展中起到的作用难以界定。在这个问题上,广为人知、讨论较多的是马克斯·韦伯关于加尔文主义与资本主义之间内在联系的论述。不仅基督教思想家要处理新旧约之间的矛盾,一直以来,神学家们也在努力回答这样的问题:为什么会为了宣扬博爱,劝人向善,而把女人看成女巫,折磨、烧死她们?

在温暖这一意识形态的阴影下滋生着冷漠的残暴。在宗教审判中,这种残暴存在的依据是,酷刑和处决至少能给犯错的人一个机会,及时悔改以逃脱永恒的诅咒。对虚无的理想化被投射到彼岸或未来,而当下的冷漠和残暴从中获得了它们的正当性。

身为罪犯的儿童

理想化期望的危害在社会职业中表现得尤为明显。商人、工程师和技术人员会考虑到反对意见,除了与同事进行客观事实层面的交流,不抱有更多的期待。对于教育工作者、医生、心理治疗师,人们要求他们付出更多,并有意识地与客观结构保持距离。因此会出现这样的危险,他们把自己的职业理想化了——这么做的代价是,当现实没有达到他们的期望时,他们会陷入自恋的愤怒。

理想化是狂热性防御的一部分,它保护我们不感到恐惧。结局越是不确定,人们对它的需求也就越大——每个人都听过比赛前教练必胜的誓言;绑架案发生时警察的安慰,他们无论如何也会把陷于危险中的孩子平安带回;以及新郎新娘对爱情天长地久的誓词。

这种咒语是功利社会的组成部分。这样的社会让人们产生了对失败的极度恐惧。如果原始社会里的猎人不保持警觉,他就会被狮子攻击,甚至有可能被吃掉。其他猎人会同情他,但不会惩罚或指责他。如果士兵在站岗时睡着了,那么他要害怕的是长官而不是敌人。

冷思考建造设备,构建结构,以此来抑制恐惧。这些设备和结构服务于这个目的。或者它们起草法律,使人们有能力达到这个目的。相反的,暖思考接受了人们易犯错这个事实,并希望他们能找到自己的道路。

理想化的期望是狂热的、偏激的,它不允许任何的失败,因为它的出现就是为了抵御对失败的恐惧。因此,它也倾向于严厉的惩罚。违反规定绝对是邪恶的标志,必须铲除它。

自恋型的愤怒是极端的。在这一点上它区别于司法的铁面无私,区别于经过深思熟虑与权衡后确立的规范。

理想化思维往往梦想着有一个满足自己的期望,永远不会让它落空的世界,这是它所追求的纯洁性。这种纯洁性要么投射在过去——伊甸园,赫西俄德的"黄金时代"*——要么投射到未来,当神的国度得以实现,所有罪人皈依的时候。

这种理想化的投射也被放到了孩子的"纯洁性"上。它只有通过长期的排他和自制才能维持。然而,每个对童年有美好回忆的人都知道,这里是想象力天马行空的地方,因此也蕴含着极大的犯罪潜能。

以下这些例子证明了,教育学的厄洛斯**隐藏着怎样的利爪和毒牙(第一个例子让我回想起了自己的过往),同时也阐明了被称为教育家司法的经验。

> "三次警告或者被抓住违纪意味着你会受到教导主任的警告。三次被教导主任警告,你就可以滚出学校了。这和下地狱一样糟糕。有几次,当我的同学在遭受这一切时,我满怀绝望

---

* 赫西俄德,古希腊诗人,被称为"希腊教训诗之父"。——译者注

** 厄洛斯,希腊神话中的爱神。他的形象一般都是蒙着眼睛,因为爱情总是盲目的。——译者注

的恐惧,也跟着去地狱走了几回。让我松一口气的是,被惩罚的那个人不是我。我认识其中两个受害者。其中一位我们都叫他刺猬,因为他留着寸头,而且胖胖的。

刺猬很温和,从来没有伤害过别人。如果天气太冷,没法骑自行车的话,我有时候会和他一起回家。这么可爱的、无害的刺猬要滚出学校!为了推迟可怕的时刻,他在几次拉丁语和数学不及格的分数下面签了他爸爸的名字。现在,他要遭受双重的可怕时刻。教导主任在全班同学面前,用颤抖的声音讲了欺骗的可耻,还说到了证件造假。

第二个遭到被逐出学校命运的是'吞并者'。这是教导主任给他起的名字。教导主任很喜欢利用这样的机会来展示自己的教学能力,用的例子就是这位来自巴伐利亚森林的农家男孩的抄袭行为。在这所高级中学里,他内心可能比我还疏离和无助得多。现在他必须要离开了。我甚至无法想象,一个人要怎样去承受这样的耻辱。当时刺猬和小樵夫整个人都呆住了。"[61]

接下来的这两个例子来自我自己的实际经历:

一位女士说,她不喜欢在一群人面前讲话。她庆幸自己的丈夫没有去听她准备的演讲。她一直都是这样的吗?她想起来,小学的时候她无忧无虑,在四年级的时候曾当选过班长。

但是她做不出来手工作业，因此她央求妈妈在一张白纸上签名。在空白处她自己写了她妈妈的愿望，即希望女儿不再参加手工课。她把这张纸交了上去，就去和小伙伴一起玩了。

老师给她妈妈打了电话，对这种伪造行为愤怒不已，在她看来，这种伪造行为已经显示出了犯罪的迹象。"于是，在接下来的半年里，一直到圣诞节，我的妈妈不在必要的时候就不跟我说话。我尝试了无数次，求她原谅我，但是一点用也没有。我爸爸站在她那边。那段时间我变得极其严肃。我感觉，我已经失去了幸福的童年，它已经不在了。我当时想，我必须独自撑过去。"

一位老师讲述了她姐姐不幸的一生。她好几次住进了精神病院，最终因自身免疫性疾病而早逝。这位老师认为，她姐姐的人生经历和童年的一件事有关：在她出生后，当她妈妈带着婴儿回家时，四岁的姐姐把那把用来切食物的大刀放在阳台让它淋雨。母亲看到后问她，她这是想做什么。"刀在雨里会生锈，它生锈后，我就用它去割小婴儿，这样她就会死于血液感染。"母亲觉得这很可笑。她擦干了刀，把它放到抽屉里。但父亲十分生气，并打了小女孩："这孩子有犯罪的迹象，计划毒杀别人。岂能容忍，必须让她打消这个念头。"

这些场景和惩罚者对法律的理解有关，而这种理解比现行的法律要

不成熟得多。专业的法学家在法律条文中表达了这样的观点,即儿童没有犯罪能力,因为他们还没有足够的辨别力去认识对与错的区别,教育者们却夺走了这份庇护。这显得很自相矛盾,因为根据夸美纽斯和裴斯泰洛齐*的精神,教育家们应该捍卫这份庇护。

在今天《刑法》的前身——即1871年的《帝国刑法》中,儿童年满12岁即被视为达到"刑事责任年龄"。这个年龄在魏玛共和国时期提高到了14岁,第三帝国时期又降低到12岁。从20世纪50年代开始,民主德国和联邦德国都将14岁视为分界点。孩子不是罪犯,检察机关有义务终止调查程序。

帕绍高级中学的教师队伍里有许多受过良好教育的男女老师。但在我的印象中,我听不到任何声音在捍卫学生受法律保护这一不言而喻的权利。突然之间,教师们的司法显得极其不留情面。和刑法法典相比,这种司法更不成熟,却更严厉。刑法里规定的刑事责任年龄以及减轻处罚的情况,在教育家的司法中失去了价值。没有人说:"他真的还只是个孩子,我们不能把他的所作所为说成是像伪造和欺诈这样的罪行,更不能用试图谋杀。"

刑法功勋累累。在刑法中,控制迅速复仇的冲动有着悠久的历史。在法治国家,人们根据刑法开展起诉、审判和判决的程序。这些程序十分繁琐,也很费时间,但和其他的惩罚方式,即狂热的私刑相比,它明显

---

* 夸美纽斯和裴斯泰洛齐都是著名教育家,裴斯泰洛齐被誉为欧洲"平民教育之父"。——译者注

没那么可怕。人们认为,教育学应该是一份和平的事业,充满着爱心与和谐。然而,教育工作者们似乎很容易把他们的工作环境当作是前线战场,把缓慢的程序规定替换成迅速的判定,就像在作战部队的临时军事法庭上说的那样:任何上级都有权利立即对不服从命令的人或者逃兵进行审判。

临床医生的法庭

下面的这个主题也可以说明,破坏性的理想化会带来多大的问题。这个主题涉及一个特殊的领域,在这个领域中,人们对暖思考的重要性有了决定性的认识:心理治疗,特别是深度心理学派的心理治疗。规范化的旧协助者和以情感关系为导向的新协助者,这两者之间的差异已经在前文讨论过了。而这种差异在这里又有了新的发展。因此,心理治疗的亚文化用什么样的心理工具来处理矛盾,巩固职业角色的边界,也是值得特别关注的。

这里我们可以看到近几十年来的一个发展。这个发展让人们看到了,哪怕他们知道冷思考在哪里可以造成什么样的危害,它依然有巨大的诱惑力。这个发展关注的是在媒体社会被赋予性别特征后,一个备受公众关注的话题:心理治疗中的性侵犯。

早在1871年,德国刑法典就在扩展的第174条中提到了与吸毒者通奸的罪行，该条款至今仍然有效。但这一条款几乎只用于青少年。在精神分析的先驱者中，诞生了无数桩分析者与分析对象之间的婚姻，但这一点从未被当作研究的主题，也没有人认为这是不光彩的。

弗洛伊德拒绝将性关系和治疗措施混为一谈。但他论述这一点的方式，不是从道德的角度，而是讲求策略，不是愤愤不平，而是实事求是。他把情色行为比作赛狗时小丑扔进赛道的香肠花环：那些把香肠花环叼走的人就失去了目标，得不到奖赏。

和其他的人际关系一样，治疗性的关系会因双方太过亲密而擦出火花，因太过遥远而疏离。谁出了问题，以后就应该改进，就像试管断裂后，化学家从头做起一样——弗洛伊德曾在一封信里作了这样的类比。在这封信里，他试图安慰荣格，因为他和他的病人莎宾娜·史碧尔埃（Sabina Spielrein）没有抵挡住情色的诱惑。

情况已经发生了翻天覆地的变化。自20世纪90年代以来，临床医生一直在用严厉和激进的方式使用司法的话语。相比之下，法院的方式却很宽松。

例如，马丁·埃勒特-鲍尔泽（Martin Ehlert-Balzer）要求说（并将此作为"男性视角"），违反性禁欲的行为只能有唯一的结果，那就是阻止已定罪的医生在未来继续从事这一职业——类似于必须要用暴力来阻止一位失明的外科医生进行手术。[62]

这一比喻揭露了真相，因为它表明了，在司法对于人际关系简单粗暴的理解中，这里看似得到了辩护的精神分析能找到的依据有多么少。感谢弗洛伊德的《梦的解析》(*The Interpretation of Dreams*)，它让我们认识到，我们内心都有道德上不可接受的性欲和攻击性的欲望。我们并不是每次都能控制住它——我们很难确定，我们是彻底失去了对欲望的控制，还是能够保证仍然控制着它。

失明的外科医生面临的障碍可以被量化。然而，如果医患双方建立了关系，并且双方都不觉得自己受到了伤害，那就无法衡量或证明其缺陷。我们如何能确定，医患之间相互依赖的关系被滥用？难道是因为我们相信，自己比当事人了解更多？难道爱情就不能产生了吗？是否一定要对犯事者赶尽杀绝，"就像中世纪的做法那样，虽然并不见血"。[63]

在不留情面的要求面前，不同关系、不同情况、对不同心理伤害的处理方式之间的区分成了牺牲品。心理治疗专业学会中的道德协会的知名代表告诫司法机关要进行更严格的审判，以此来凸显自己的与众不同。"毫无疑问"，"心理治疗中的任何性接触都是对心理医生权力地位的滥用"。[64]

在浪漫主义时期之后，人们也打消了对这一论断的怀疑——怀疑完全是经验的原则。人们**确信**，**任何**谈情说爱都是合理化**虐待**的**借口**。精神分析运动一度和市民社会的道德自信相对立，随着它与伦理学家走上同一条道路，这一对立也逐渐消失。

在这样的情况下，那些中止对个案的开放式调查，代之以对法律和秩序的绝对理解的人，他们这么做，是因为他们坚信自己是在为心理治疗辩护。而事实上，这些弗洛伊德的继承者们却屈从于司法的结构。[65]

律师将情色定义为"自愿交出性器官，供双方使用"。在没有征得同意，或是利用依赖关系取得同意的情况下，使用就变成了滥用。由于法律占据着主导地位，反对意见都保持了沉默。这些意见认为，在这种情况下，情感扮演着最重要的角色。

缩减到事实层面的术语让那些动了感情的当事人们陷入无力的境地。他们所经历的事情，伴随着复杂的情感关系——而这也是它的特点——被简化为单一的使用和滥用。这就好比植物学家把一朵花用过氧化物浸泡、漂白，然后把它压在吸墨纸之间，再去描述它。

对越界行为的精神分析表明了，当事人的自信心因被普遍接受的表达方式，尤其是用价值判断代替同理心的倾向而遭到了怎样的打击。对于遇到这种情况的人需要采取区别对待的办法，不是非得要用犯罪者-受害者的模式去处理这件事情。

一旦有人怀疑伦理学家行为的意义，就会被说成是试图为罪行开脱，或者对其轻描淡写——这是一种悖论。和呼吁警察与法院介入的人相比，那些努力探寻"罪行"背后当事人之间的关系，并试图给出自己的解决方式的人，对事件的重视程度要高得多。那些想要**理解**罪行，以此来应对未来可能发生的罪行的人，绝不会为罪行开脱，而是致力于更有效地阻止事情失控，减少伤害。

凡是在心理治疗培训机构工作多年，多少也对别人进行过心理治疗的人，一定迟早都要遇到医患之间打破了性关系的禁忌这一问题。我不觉得我们离建设性的处理方法越来越近。第一代精神分析学家提出了质疑，以惩罚和排挤的方式对付不当行为是否有意义。[66] 现在我们却能看到这样的倾向，宣称更严格的控制和更严厉的制裁是处理这一问题唯一可行的办法，并且把怀疑这一方法的人统统说成是助纣为虐。

学生运动中对性满足的理想化被恋童癖者滥用（当然了，在最保守的机构，即天主教会的中心，他们实施犯罪还要更便利些）。但滥用这一点的还有这些男人，他们把女性的拒绝看作是小资产阶级式的反抗，反抗他们给她的这一机会，通过情色得到救赎。

历史上，从 20 世纪 60 年代的性解放到 80 年代末关于性虐待的激烈争论，[67] 这一历史变革或许和这一点有关：二战后德国遭到了惩戒，在这之后是消费和享受的时代。这里一位重要的思想家是威廉·赖希（Wilhelm Reich），他在 20 年代末为反对法西斯主义而斗争，他把法西斯主义看作是性障碍的标志。[68]

在学生运动中，人们重新发现了赖希。他狂热的乐观主义让战后第一代人为之着迷。根据这一主义，这个世界充满了人性的善良和性能量，它们被压抑在恶毒和愚蠢的轮番控制之下。那些释放性高潮能量的人就会变得自由，而这一能量本身是好的。那些把自己**封闭**在这一给予我们生命力的力量之外的人，恰恰是他们在滥用它。

弗洛伊德已经强调过成年人性行为与"反常"因素之间的密切联系。他命名了露阴癖、虐待狂、受虐狂和恋物癖的局部驱动力*。把这些倾向融合在一起，就产生了成熟的性。卡达丽娜·如曲基（Katharina Rutschky）指责女权主义顾问站在反对性关系的立场上，而他们反驳道，打击性暴力不一定是反对性关系，因为性暴力和性完全没有关系。[69]

---

* 根据弗洛伊德的理论，局部驱动力（partialtrieb）是性欲的组成部分之一，在不同的发展阶段相继发展（如口交、肛交、生殖器的驱动力）。它是与相应的性欲区相关的满足行为，这些驱动力被认为是进入成人、生殖器性行为的前提。——译者注

在这一背景下，我们可以明显地看出消费型社会对破坏性理想化的偏爱。这种理想化消解并阻碍了那些它声称想要完善的东西。理想化的关系如果缺乏浪漫的讽刺这种维生素，常常就会走向破裂，当事人就会感到内疚。因此，越来越多的人需要心灵的慰藉。人们需要替罪羊。媒体对乱伦的兴趣满足了自恋的需求。从理想化的人物轰轰烈烈的失败中，我得到了安慰。

这类报道的目的是让受众欺骗性地获得虚伪的自恋。在这种自恋中，通过报道别人的不当行为，我增强了自信心。

心理学和精神分析学的研究告诉我们，在人们互相指责对方的舆论场上，这种处理方法并不适合用来改善彼此之间的关系，甚至有导致防御性态度的风险。然而，在相关委员会的辩论中，这种反对意见很快就遭到了压制。那些说出这种反对意见的人，立刻就会惹上不把罪行"当回事"的嫌疑。

弗洛伊德因为他讽刺性的距离而遭到憎恨。由于这一距离，他被视为代表了分析的规则。其中就包括他用来分析荣格和莎宾娜·史碧尔埃绯闻的方法。有人说，他对学生的道德败坏不够重视，自己也肆意妄为，因为他拿自己的女儿去做研究。[70] 弗洛伊德并没有提倡模仿他的做法，但是他这一决定的结果让父女俩都很满意。因此，在我看来，外界的干扰和自负一样，都是可有可无的。现在，人们比深度心理学的先驱们"更进一步"，因为他们严格地推行更多的规则，并将违反规则的行为判定为犯罪。

那些从事精神分析的人，他们在一个难以控制的领域工作。有一种治疗方法是将心理治疗结构化,并将治疗定义为受到专业控制的活动,治疗对象是那些给掌握了相应知识的医生练手的病人。和这一方法不同,心理分析师和受分析者共同决定、一起参与研究和开发的过程。这种做法较为全面,因为它不仅仅关系到**能否**改变症状,还和了解成功或失败**的原因**有关。

有一个经典的笑话,说的是一个总是尿床的人在分析过程中未能消除这一症状,但却不再受其困扰。这个笑话有着温暖的内核:患者主观体验的重要性并不亚于客观的症状。在精神分析的过程中,医患之间的互动在法律上被对象化的可能性极小。在专业服务的领域,几乎再没有其他的互动能够拥有这么小的可能性。

凡是从事这个职业的人,其实都应该相信这一点,即关于这一过程的真相往往不是唯一的,而是有很多个。如果成功了,这一区分就没什么意义;但如果失败了,再回到法律上可控的医生对病人的技术性工作模式就会变得很有问题,因为这一模式与治疗本身并不匹配。弗洛伊德想要的不仅是治疗神经机能病,而且是促进全社会、科学的进步,大力反对道貌岸然的虚伪。这种虚伪是导致神经机能病最主要的原因之一。在给荣格的最后一封信里他写道:

> "另外,你的信我无法答复。现在的情况是,口头的交流恐怕困难重重,书面的方式也解决不了问题。我们分析人士一致认为,没有人需要因为自己患上神经机能病而感到羞愧。但是,如果有人行为异常,却不停地喊着自己是正常人,别人就会

怀疑他缺乏认识自己疾病的能力。"[71]

如果说,在分析过程中没人应该为自己患上神经机能病而感到羞愧,那么我们也应该明白,这种羞愧是文化虚伪的标志,我们必须克服它。然而,就像和荣格的争论所体现出来的那样,蒙羞的感觉让这一需求占据了上风:成为那个认识到对方的神经病症,且对其病情有更深洞察的人。逼迫他人不但因自己的神经病症感到羞辱,而且感到内疚和遭排斥,这已经成为普遍现象了吗?

只有在宽松的、没有迫切的安全(与权力)需求的情况下,分析性的描述才能继续。在早期对精神分析运动的研究中(比如弗洛伊德对阿尔弗雷德·阿德勒和荣格的抨击),学者们仍在围绕这一困境争论不休。然而现在,分析人员已经不再参与这种研究了。他们不再挑战卫生官僚机构的权威,而是为他们服务。

在过去的三十年里,精神分析在公共领域的重要性有所下降。目前,德国各所大学中心理学或精神病学的教席没有一个是由精神分析学家担任的。与此同时,人们对道德问题的兴趣在增长。伦理委员会和他们的工作费用是精神分析机构的开支中增长最快的。我不相信这只是个偶然现象。

一直以来,人们对于谁才是"真正的"精神分析学家这个问题十分迷信。这让我想起威尼斯贵族。只要威尼斯繁荣昌盛,成为了地中海东部的大国,他们就会开始争论,谁有资格在城市的大议会上发言,谁有资格行使自己的职权——这一职权是由仿照罗马共和国建立的国家制度赋予的。有书籍记载着谁的祖辈和曾祖辈同样是贵族。它们是字面意义上的和黄金等价,因此它们被称为金书。终于,这本"意大利贵族金书"出版了,人们也终于弄明白了,哪位市民家中三代人都任职于议会;由于这一出身,他才是"真正的"贵族。可到了这个时候,威尼斯共和国,这个"最尊贵的圣马可共和国"*,它的影响力已经不复存在了。它只是昔日势力的残影,面对拿破仑·波拿巴的入侵几乎束手就擒。拿破仑让人把金书烧掉,并把威尼斯并入意大利王国。

对监管的追捧是人们对抗焦虑的惯用做法。哈拉尔德·佩尔(Harald Pühl)——他的研究领域介于精神分析和社会科学之间——写了一本非常值得阅读的书,关于组织用来对抗恐惧的多种方法。[72]

第一块石头

"你们中间谁是没有罪的,谁就可以向她扔出第一块石头。"基督的这一要求或许只是一种话术。然而,当我们生活在对道德过度的狂热中时,这样的要求几乎是强加到了我们身上。这种过度狂热在人们轻易就群情激愤的时代里蔓延滋生。要求对方毫无保留地做出澄清首先就是不讲情面的。这样的要求不具有启发性,因为它无法将(能够解决的)问

---

* 圣马可飞狮是威尼斯共和国的国徽象征。——译者注

题和困境区别开来。在困境里没有明了的解决办法,只有在当时的情况下对难以估量的问题较好或者较坏的处理办法。简单来说:力求两害相权取其轻,而这往往带着一丝自恋的委屈。

接下来这个例子也来源于我工作的领域——心理分析。我从多个角度去审视这个例子,不说名字,不说细节,把关注点放在"新式"和"传统"处理方式的区别上,以及这些变化会带来什么问题。

它涉及的主题在弗洛伊德提出的治疗方式中已经有了多角度的讨论,即:心理医生能在多大程度上满足患者参与拟定治疗过程的愿望。本身,如果没有弗洛伊德的灵活性,精神分析学就不会产生。这一灵活性在专制的 19 世纪是极不寻常的。从一开始,弗洛伊德就急切地提出了很多问题。当病人告诉他,他应该多倾听,他就遵从了这个建议——就这样,一个最重要的分析方法诞生了。

现今正确疗法毋庸置疑的结构——一定的距离,固定的时间——是逐渐得到确立的。有两位先驱者与新的实验方向息息相关:约瑟夫·布罗伊尔(Josef Breuer)和桑多尔·费伦齐(Sándor Ferenczi)。他们尽可能地去满足病人——在同事们看来,他们失败了。

精神分析始于和病人建立连接。"真正"发现这一点的人不是弗洛伊德,而是约瑟夫·布罗伊尔。在和病人贝莎·帕彭海姆(Bertha Pappenheim)的接触中,他发现了"谈话疗法"。在《歇斯底里症研究》中,布罗伊尔对帕彭海姆的案例加以美化,用安娜·O 的化名发表了出来。帕彭海姆一直在照顾她病危的父亲。随后,在 1880 年,她自己也患上了厌食症。除此之外,她还出现了其他一系列不明原因的症状——语言和视觉障碍、刺激性咳嗽、精神性恍惚状态、麻痹和疼痛。好几个医生试图帮助她，但都徒劳无功。布罗伊尔，作为一名德高望重的内科医生，同时也从事催眠工作，最终被叫到了她家（这在当时的富裕家庭中很常见）。

第一次采用宣泄法*的精神分析持续了两年。帕彭海姆和布罗伊尔几乎每天都要交谈两个多小时。布罗伊尔要求他的病人把她"被压抑的情绪"宣泄出来——贝莎·帕彭海姆把这称作**"清扫烟囱"**。[73] 当布罗伊尔把这个案例发表出来时，他把安娜·O说成是治愈了。

布罗伊尔曾打算在1882年6月7日结束治疗。但就在这一天晚上，他又重新被叫了过去。贝莎·帕彭海姆异常激动，在"产痛"中扭动着身子，说"孩子"是布罗伊尔的。布罗伊尔试图让她平静下来，却没有成功。最后他把她转到了一家疗养院。他们医生-病人的关系也就此破裂。在接下来的几年里，贝莎·帕彭海姆在不同的疗养院接受治疗——除此之外，她要治疗的还有在接受布罗伊尔的治疗时染上的吗啡瘾。

这个精神分析的案例有许多值得关注的地方。首先，布罗伊尔的行为远远超出了医学治疗的范围。他给病人自己能给的东西——吗啡，让她上瘾，还有特殊饮食。布罗伊尔甚至喂她吃东西，而她只吃他喂的食物。有一次她一整个星期都吃不下任何东西。今天治疗厌食症的医生会给她两个选择，要么被强制进流食，要么放弃她的厌食症。而富有爱心的布罗伊尔换成了多汁的水果，并最终在催眠中发现，贝莎·帕彭海

---

* 宣泄法，心理治疗的一种形式，通过催眠或其他形式的暗示，重温充满感情的、被压抑的经历，并以这种方式作出反应。——译者注

姆曾经看到她的家庭教师让她的狗用玻璃杯喝水。他让她把压抑的厌恶表达出来,瞧:病人又可以喝酒了,她的病好了。这经典的一幕被用来向一代代学生传授宣泄疗法。*如果没有布罗伊尔的奉献,难以想象会有这一幕的发生。

让我们把布罗伊尔放到2013年,现在他是一位富有威望、专业经验丰富的女医生B。而安娜·O有受虐史,患有饮食失调症;经诊断,她身上有边缘型人格障碍的一系列症状,且刚刚从精神病院出院。

B女士为安娜进行治疗。安娜觉得,有限的时间是冷酷和机械的,她要求更多地参与和配合她医生的生活。这样她就能满足自己的愿望,找到第二个新的、更好的妈妈。这样一来,医学治疗的框架结构在希望和给予中遭到了瓦解。B女士面临着两个选择,要么中止治疗,要么继续她已经采纳的治疗方案。有争吵,有和解,有一同出游,有一起过夜。

B女士陷入了这样的境地,为了给一位成年女性做母亲而牺牲了治疗的框架结构。安娜会有能够进行正常治疗的那一天吗?这一情况和约瑟夫·布罗伊尔与贝莎·帕彭海姆的例子告诉我们的一样:到了某些时候,双方实现某个特殊目标的幻想就会变成失望,变得一文不值。在大约四年超过200个小时的收费"治疗"后,B女士和安娜断绝了关系。她再也无法继续和她工作下去了。安娜则继续寻求其他心理医生的帮助。从这里我们开始察觉到,我们不是在1882年,而是在一个消费型社会里。

安娜的新医生遇到了一个病人,她最重要的问题是对前任医生的愤怒和失望。安娜要求他,支持自己为失败的治疗所造成的损失争取赔偿。医生同意了。在一个以受伤害、内疚和补偿三位一体为特征的消费型社会中,我们发现了这种令人怀疑的进步。现在,轮到这位继任的医生做好妈妈去惩罚坏妈妈了。

安娜·O不会想到要向她的医生要求赔偿。对于疗养院里的医生,她也没想过要这么做。她在疗养院治疗从布罗伊尔那里染上的吗啡瘾。而现代的医生则通过书面报告支持当代的安娜上诉。像 WhatsApp 上的文字和图片消息这种电子信息无法销毁。多亏了这一点,当代的安娜得以留下 B 女士超出所有职业规范的行为的记录。B 女士在法律顾问的建议下同意和解,并支付了赔偿。此外,安娜还向 B 女士所在的专业协会的道德委员会投诉了她前医生的虐待行为。B 女士于是被开除了。

毋庸置疑,B 女士犯了专业上的错误。而另一方面,人们又期望专业委员会能给予它的成员理解,并不遗余力地支持他们。本身,人们会认为精神分析学家会将失败的治疗视为互动,并尽量让双方都得到公平对待。然而,在伦理学专家对 B 女士和安娜事件的处理中,没有人换位思考去理解 B 女士,研究她这么做的动机。只有提出控告的病人才能找到温暖和同情。医生则空手而归。

对于这种医疗失误处理方式的明显变化,我们该如何理解?一个备受尊敬的医生先是让病人染上了毒瘾,然后突然抛弃她。这样的事情放在今天,可想而知人们会有多愤怒。约瑟夫·布罗伊尔却没有遭到任何起诉,他依然是那个受人尊敬的医生,就像他刚开始对贝莎·帕彭海姆进行治疗时那样。研究兴趣和忠诚度占了上风,治疗中的失误和个人承受能力的极限可以得到讨论,且专业能力不会因此受到质疑。弗洛伊德知道，布罗伊尔的发现要归功于开放、无偏见的倾听。布罗伊尔和他自己的发现都是开拓性的行为。在布罗伊尔放弃对安娜·O的治疗后，他并没有生气，这反而激起了他对知识的渴望。[74]

弗洛伊德指出，"当医生与病人之间的关系恶化后"，就算是催眠治疗的"最好的结果"也会瞬间被"一笔勾销"。也就是说，"个人的情感关系比宣泄疗法更有作用"。[75] 这些文字表明了弗洛伊德的一种观点。由于缺乏更合适的术语，我将其称为专业技能。在后来对反移情问题的研究中，这一点也得到了证明。反移情问题* 出现在荣格对他的病人莎宾娜·史碧尔埃（Sabina Spielrein）进行治疗的时候。相比起医生的失败和他采取的治疗方式所引发的道德评判，弗洛伊德对导致失败的原因更感兴趣。

为什么现在我们不再有这种态度？这在某种程度上与时代精神有关。在我看来，这种时代精神和消费型社会中刚愎自用的横行有关。它许诺给我们一个惬意的世界，在这个世界里我们可以通过适应来避免矛盾冲突：那些行为"正确"的人，就会得到"正确"的东西；不捣乱，你就能幸福。于是，研究关系动态的专家失去了他们的研究立场，回到了权力和市场问题上，谁能被认证为无可指摘的医生，而谁不能。

然而，生活依旧难以预料、混乱且不公平，但人们因为抱有期望而对

---

* 反移情是弗洛伊德在精神分析中使用的一个术语。它是与移情类似的一种情感或情绪反应，只不过它发生在咨询师而不是来访者身上。反移情通常来源于咨询师意识之外的无意识冲突、态度和动机，它是咨询师对来访者产生无意识期待和某些神经质需求的外在表现形式。——译者注

直面现实准备不足。那些把所有事情都做得无可挑剔的人没有变得幸福，而是抑郁了——然后，他就把矛头对准了那些不想或不能把事情做好的人，以此来对抗自己的抑郁症。

在心理治疗中，病人是有依赖性的——但医生同样也可能会产生依赖性。和布罗伊尔一样，B女士也尝试了一切办法，逢场作戏，变得毫无防备，达到了她的极限，到了最后，除了终止治疗，她不知道还有什么能帮到病人。这是个悲剧。但它却沦落成了罪责的分摊和犯罪者-受害者的模式。

我知道有人会反对我这样作对比。布罗伊尔是一个未得到规范的领域中的先驱者，而现在，医生在培训期间已经学习了不越界。如果他们做不到，就要受到监管。但是，我觉得，只要人们有自我批评精神，极端的比较就不会有什么害处。

如果因为某个人的行为不端，这些帮助他人的职业就放弃了他们摸索出来的、用于关系咨询的方法，或是与当前问题相关的、新的个人经验（比如说在恢复教学治疗* 方面），转而照搬刑事判决的模式，那就说明人们高估冷思考了。

我想，这里运作的机制和欧洲大型宗教团体对淫乱的处理方式相似。为什么教会不自信地坚持，他们比世俗的司法**更擅长**评估罪孽和必

---

* 教学治疗是心理治疗培训的核心，能够将一种治疗方法的具体精神传给下一代治疗师。教学治疗为建立和管理治疗关系、治疗环境和治疗过程的必要经验提供了"第一手"资料。它不仅仅是学习和掌握技术方法，而且还涉及受训者自身的启蒙，消除"盲点"，发展自我检查和反思的能力。每一次教学治疗也是对治疗师人格的训练，使他们为这个职业的具体挑战、压力和危险做好准备。——译者注

要的忏悔？为什么人们普遍认为，教会内部的处理方式是在"掩盖真相"，而只有检察官和媒体对违法行为的处理才是"伸张正义"？

带有高度自恋色彩的理想化机构在媒体社会中是极其脆弱的。面对失败，他们会爆发出愤怒和报复的冲动。现在，人们不再相信他们能干出什么好事，可他们也不再关心警察和司法部门的缺陷与情感上的冷漠。

后来，贝莎·帕彭海姆发展出了巨大的社会创造力。她为女权主义而战，为年轻女性奔走且产生了巨大的影响力——没有她的帮助，这些女性都会变成妓女。在终止布罗伊尔对她的治疗后，她进入一家疗养院，进行了吗啡戒断，并找到了自己的方向和目标。她终身未婚，在一首动人的诗中，她哀叹自己从未找到过爱情。她从不谈论她生命中的这段时期，且坚决反对对她负责的人进行任何的精神分析治疗。[76]

6. 创伤与正常化
对移情不适感的冷酷判断

这几年来，我每周都为《时代周刊》写关于"爱的大问题"的专栏短文。它们是互联网上浏览量最多的文章之一。读者会写信或电子邮件来给予他们的反馈，有时候是善意的，有时候是批评的。但是针对下面这篇文章那样激烈的反应却是很少见的：

"他一定要做她的心理医生吗？"

问题：

卡塔琳娜和迈克尔是大学生。他们在学生宿舍的派对地下室认识了。卡塔琳娜可以很有魅力，但她也有另外的一面。她突然变得咄咄逼人，骂她的男朋友只想占她的便宜，不过是想把她拖到床上，完事后就溜走。前两次，迈克尔只是摇摇头，想走开。卡塔琳娜却拉住他,声称她不是故意的。现在她对他进行了人身攻击,抓伤了他的胸部。迈克尔想分手,卡塔琳娜又变回温柔的样子。她要他理解自己曾被继父虐待过,并患有创伤后边缘型人格障碍。

沃尔夫冈·施密德鲍尔回答道:

那些想拥有爱侣的人,不应该带着标签看人。卡塔琳娜不应该因为她的创伤而对男性世界有任何要求。施暴者亏欠于她,可迈克尔没有。从始至终迈克尔都应该让卡塔琳娜明白,他想要一个女朋友,而不是病人。心理诊断的专业性强,让非专业的人来做并不合适。心理诊断永远无法确切地描述我们关系的多样性。它只能用以应急。对此我想起了美国的一个轶事:在狩猎季节开始之前,牧场主在牛的肚子上用白字写上COW*的字样。这有助于应对那些不了解自然的猎人。"[77]

以下内容引用自读者反馈:

"谁能查一下这个专栏是否仍是施密德鲍尔先生自己在写?还是说作者是格特·波斯特尔(Gerd Postel)?[78](……)请

---

* COW在英文中是"牛"的意思。——译者注

问,患有创伤后遗症(或任何病症)的人只有在每周 50 分钟的治疗时间中患有这种病吗?像有个按钮可以控制开关?每周你可以做 50 分钟病人,剩下的一万分钟你必须恢复正常?!(……)如果疾病能这么轻易地摆脱,那病人们就有福了——如果施密德鲍尔找到了那个开关,那他就发财了。然而他没有。这就是为什么他在周报里满口胡言。"

"没有人会妄想让盲人重见光明,这样就不用再为他考虑了,或是让截了肢的人重新长出缺失的身体部位。人们对那些饱受折磨的人正是怀着这种期望。男人们理所当然地索取——哪怕对方是灵魂被'截肢'的人——无需维护的、舒适的性服务……

这就是为什么沃尔夫冈·施密德鲍尔的'回答'如此卑劣。他无情,冷漠,缺乏真正的同理心。

对我来说,施密德鲍尔先生的言论已经远远不只是毁掉我这一天的'气氛破坏物'。它还让我们看到了,我的同胞们正遭受着冰冷的精神与社会氛围的折磨。"

这些评论显然和我想在文章中表达的意图不符。就像我在结语里说的那样,我想脱离紧抓着心理诊断不放的状态,帮助恋人们探索,如何与自己进行关于自身未来的对话。他们应该把自己看作是人,而不是需要治疗的人。

很明显，在一些读者看来，表达这一观点是彻头彻尾的大逆不道。突然间，我成了支持压迫和贬低受虐待女性的人。我认为是为卡塔琳娜创造拥有可持续关系的机会的努力，却被说成是我的冷漠。

如果将精神创伤与失明或截肢等身体残疾相提并论，就很难为虐待和酷刑的受害者开脱。这一做法剥夺了他们的一种可能性，歌德对这种可能性是这样说的："让我展示出，我将涅槃！"

那些**能够做到**在表面上正常的人，和完全做不到这一点的受创伤者，他们应该得到不同的评估。诚然，正是由于他们不为人知的创伤，才造成了对于精神受创者来说难以承受的局面。和那些从一开始就有明显缺陷的残疾人相比，当一个看起来很健康的人突然无法控制自己的攻击性，他人的反应对他们的伤害要大得多。

我的文章忽略了评估心理创伤的困难性。这篇文章声称，对安全的需求，以及对困扰和折磨自己的恐惧有清晰认识的需求，可以通过一个简单的建议来满足——"请不要贴标签"，并将其与来自城里、分不清牛和鹿的猎人进行对比，以此来取笑当事人。他们寻求诊断的庇护不是因为任性，而是出于迫切的需要。

就这些方面来说，我确实应该受到批评，尽管我坚持认为，精神病诊断会给恋情带来威胁，而不是巩固它。

善良友好的读者或许能够采纳这样的建议，在恋爱关系萌芽的时候去探索对方，并将其特点转化为他/她在自己心目中的特殊形象。但受到精神创伤的人做不到这一点。

对于创伤带来的焦虑，和同理心相比，将分类的法学思维的客体化可以带来更多的安全和慰藉，这一认识令人不适。而创伤治疗的基本观点之一是，在令人恐惧的创伤场景重现时，先建立一种安全感。只有这样，才能够试图去理解，并开始寻找办法，来摆脱出于恐惧的退缩或狂躁的自暴自弃。

临床经验表明，和性有关的创伤并不一定会导致永久性的伤害——同样显而易见的是，没有人能保证它够得到"治愈"，也不一定能回到不再有心理阴影的生活。我们无法挽回创伤，只能防止受害者再次受到伤害，给他们安全感，帮助他们增强自我疗愈能力。

这一点我没有在专栏文章中很好地表达出来，我至少毁了一位读者的一天。纸上的阅读根本就不是耐心的，相反：书面的陈述带着抽象的冷漠，会引起非常强烈的反应。而那些我直接接触的、有遭受虐待经历的病人从没有过这种反应。

短短的几句话没法很好地厘清——如果我以此来回应过度简化的指责，或是把自己从指责谩骂中拯救出来，那我就让自己太舒服了。我也清楚地认识到，作为处在特权地位的专栏作家，愤怒的读者是不会对我手下留情的。

桑多尔·费伦齐（Sándor Ferenczi）将性虐待比作儿童般的温柔和成人的激情之间失败的对话。我小心翼翼地呼吁，迈克尔和卡塔琳娜能够温柔地交往。这一呼吁却遭到了评论者们（由于网络上的别名，性别并不总是很清楚）的强烈憎恶，随后这些憎恶又转而指向了我。当我建议说，在亲密关系中拒绝诊断的规范性权力，并让彼此都能够感受到温暖时，我被说成是冷漠而残忍。

公正性的界限

作为一名夫妻心理治疗师，我努力追求一种叫做公正性的品质。它和希波克拉底（Hippocrates）提出的"me blaptein"，即希腊语中的"不伤害"有关。在矛盾出现的时候，医生、监督员和调解员（与律师明显不同）应寻求不伤害任何一方的解决方案，并尽可能使**各方**都能从中受益。

读者批评的是，我试图为在刚萌芽的关系中**未受创伤**的一方说公道话。对此，一位对卡塔琳娜感同身受的读者认为，这是站在了卡塔琳娜小时候对她进行性虐待的罪犯那一边。

这种去差异化背后的心理现象可以比作海盗电影中的那种望远镜。我的观点是要去掉镜筒，把每个部分分开，强调安全的和有创伤的情况/人之间的区别。而反对观点则想强调其不可分割性，认为试图将其区别开来的行为是站在导致了创伤的罪犯那一边。望远镜非常结实，没有什么再需要调整的了——但也没有什么好看的了。

短文也是"快"文，这一点不太适用于作家——在很多情况下（对于我来说也是这样），作家们觉得写得短比写得详细难。这一点更多地适用于读者，在只有正常和不正常这两个选项的选择中，他们只能听到缺乏同理心的声音。这种声音是每一个创伤受害者都十分熟悉的：别这么做！让它去吧，你已经挺过来了，还有比这更糟糕的事情呢！

鉴于他所造成的伤害程度，每个犯罪者都会极力淡化受害者的痛苦。他什么都想不起来，这件事根本不是他能做出来的，和他的理想以及整个生活都不相符。受害者是同意了的，邀请、甚至还勾引了他，不可能有暴力，这是事后编造的，是出于报复。过去的事就让它过去吧！

在对受创伤的人进行心理治疗时，在第一阶段要弄明白罪犯和医生的绝对差异。只有让病人自己相信这一点，并且让这种信念深入人格，治疗才能有助于克服创伤。

罪犯为了给自己辩护，让自己的日子好过一点，而对受伤害者的痛苦轻描淡写。但为了受伤害者的利益，医生希望受害者将他们的痛苦包裹在正常的保护层中，希望通过强调他们自己的力量和健康来对抗痛苦，并开启这样的生活：他们所遭受的痛苦尽可能少地困扰到他们。

在欧洲，我们将我们的生活解释为发生在个人身上的事情，我们对此负责，并对自己和他人的成功与失败进行评判。这种态度是造成上述问题的原因。

在经历创伤过后，如果用道德与成就至上的视角去看待生活，所遭受的恐惧与痛苦就会和内疚的感觉纠缠在一起。受创伤的人往往只能通过投射的方式来缓解这些内疚感。它们因偏离"正常"发展的轨道而产生。

那些把精神创伤等同于不可逆转的损伤、截肢的人，在一种欺骗性的清晰和富有说服力的模式，以及消极的幻觉中寻求宁静。而另一方面，那些声称创伤后**必须**要恢复正常（"按一下按钮就能重新运行"）的人，也在逃避直面遭到破坏的生活，逃避在——这一次是积极的——幻觉中去探究这种生活。

在治疗关系中,这两种极端的情况是可以调和的。那些对受到创伤的人进行治疗的人,他们和患者一起走过黑暗和深渊。这又是一个理解干扰、认清所处状况的问题。现在的状况是,之前人们能够成功抵御对创伤经历的强迫性回忆,可现在人们再也做不到这一点,恐惧充斥着人们的意识。医生成为冥界之旅的同伴,就像维吉尔(Virgil)* 之于但丁那样。

因此,接受对愚蠢、欺诈、冷漠和无知的指责是有意义的。它们代表了这样的意愿:和固守正常状态的压迫性环境作斗争。这种抗争的意愿远比选择陷入抑郁健康得多。智慧和幽默可遇不可求,我的短文也没有真正表达出这两点。而我无法想象,对受创伤者的心理治疗没有这两种品质会是什么样。

在对这一有争议的专栏的反馈中,也有一个深思熟虑、努力保持距离的:

"这不由得让我想起相反的情况,即男人对女人施暴。这种情况常常是这样的,男人在事后发誓他不是那个意思,他有一个艰难的童年。而女人相信了他,想再给他一次机会,留在他身边。他事后确实后悔了,而且他的童年也确实很艰难,但这对女

---

* 维吉尔被奉为罗马的国民诗人,被当代及后世广泛认为是古罗马最伟大的诗人之一。在但丁的《神曲》中,维吉尔也曾作为但丁的保护者和老师出现。作为理性和哲学的化身,维吉尔带领但丁走过了地狱和炼狱。——译者注

人来说没有意义。最后女人——或者男人——听凭自己遭受虐待，不管是出于怜悯或恐惧还是别的什么原因。（……）

因此，我完全同意，诊断不能作为借口，也不能用来把人绑在自己身边。一个人为什么会成为这样的人，做出这样的行为，总是有其原因，但这并不能让其他人过得更好。（……）"79

创伤政治和创伤治疗

如果我想帮助一位生病的人，那就给予他希望，且无论如何不要对他说，他病得很严重，可能无法治愈。这么做是好的。例如，这一反对意见是针对精神疾病的遗传学解释的：如果症状是先天性的，人们就会坚信很难去改变它（尽管是错误的），就像眼睛的颜色或者手指的数量一样。

我们运用一些术语和言论，来让公众意识到性虐待会造成多么严重的伤害。这些术语和言论有很多都暗含着这样的信息，不要抱有能够治愈的希望。让我们拿"灵魂谋杀"* 做例子。这一术语是厄休拉·维尔

---

* 维尔茨称针对儿童的性暴力是对"人类尊严、精神和身体完整性的攻击，因此是对儿童身份的攻击"。维尔茨认为，孩子的真正自我，他的核心，他的灵魂，由此被"谋杀"了。美国精神病学家朱迪斯·L. 赫尔曼（Judith L. Herman）对"灵魂谋杀"的描述如下："与保护和关心自己的人相连所带来的安全感是人格发展的基础。当联系被破坏时，受创伤的人就会失去他或她的基本自我意识。"——译者注

茨*（Ursula Wirtz）提出的。可以理解的是，性暴力会打击并损害人的尊严和精神的完整性。但是，儿童的心理身份因为遭到侵犯而被"谋杀"的说法，不仅是可悲的，还代表了心理治疗的狂妄：突然间，医生要能够像耶稣对拉撒路**做的那样，让死去的灵魂重获新生。[80]

用谋杀和死亡作比喻不仅歪曲了事实，而且是有害的。一方面，生活在继续。另一方面，生活和之前不一样了。两方面都是真的。治疗的方式可以归结为这一公式：我们不放弃关于健康和正常的念头。糟糕的事情是生活的一部分，而生活依旧。

如果我是一名政治家或者为受害者争取权利的法律代表，我会说，发生了的事情就无法弥补了，赔偿金和补偿最多只能给予有限的安慰。而如果我是一名医生，我会尽可能帮助我的病人恢复正常，帮助他们接受发生的事情。但是，那里的路充满了矛盾，没有简单的解决办法，有时根本就没有解决办法。

在面对不公正的时候，人类的正义感会让人感到愤怒，不仅想惩罚罪犯，防止新的罪行发生，而且还想"补偿"受害方。现代社会中是通过金钱来进行补偿。

然而，那些期望为自己的痛苦得到赔偿的人，和那些不抱这种希望

---

* 厄休拉·维尔茨，临床心理学家和精神分析学家，发表过关于性暴力、创伤、伦理以及心理治疗和精神信仰之间的联系等主题的文章。——译者注

** 拉撒路，天主教中译为拉匝禄，耶稣的门徒与好友，经由耶稣，奇迹似的复活。在新约《约翰福音》11章中记载，他病死后埋葬在一个洞穴中，四天之后耶稣盼咐他从坟墓中出来，因而奇迹似的复活。——译者注

的人相比,会更多地被痛苦所束缚。后者想要尽快恢复正常生活,甚至没有想要强调自己饱受折磨的处境。

法学思维可以忽略这种困境,把事情交给鉴定专家,由他来"客观"地决定,创伤是"可治愈"还是"不可治愈"的,是"真实"的还是"想象出来"的,甚至是"假装"的。由于罪犯和他们的律师疯狂地寻找能减刑的理由,他们的想法变得肆无忌惮,变得肮脏。为了避免这种情况,对创伤的讨论有可能会变成言语上的反安慰剂。

"性虐待"这一术语就像一把刀那样伤人。它应该让罪犯清楚地认识到自己的所作所为。然而现在,受害者可能再也找不到不会给他们带来伤害的词了,找不到能让他们更容易接受的描述。受害者常常幻想,自己和罪犯的故事能被说成是失败的爱情——这样一来,自己就找到更好的方式去处理它。那些反对这一做法,并坚持使用法律术语的人,他们将与受害者的联系置于危险中:任何允许这种辩解言论存在的人都要担心自己成为帮凶,担心自己对犯罪行为轻描淡写。

在对一切伤害心灵的事物的斗争中,**政治上**可取的是对伤害深度的构建——一直到不可治愈。只有这样才能让公众心服口服。那些**在政治上**为反对儿童性虐待而斗争的人,会对每一起案件一概而论。这些案件体现出了犯罪险恶的力量。相反,在处理情感创伤的时候,如果概念和图像——利用它们,我们把对创伤的处理融入生活——不是取决于对罪犯最激烈的控告,那会是有益的。

在涉及执法、儿童保护和赔偿要求时,关注对创伤极其多样的抵抗能力也不利于在政治上对其进行强调。

关系没有通过"虐待"这一法律概念得到承认和理解，而是藉由且超越受害者的心理被客观化。如果从法律上看，受害者应该站在这些人一边：为了打击犯罪分子，他们自己成了罪犯，因此把他们的斗争看得比同情受害者重要。为了实现自己的目标，他们把受害者当枪使。

为了不淡化犯罪分子的罪行，在法律上禁止谈论任何爱情，而是专注于罪行。对此，人们可以辩解说：即使博物馆门口的警卫不了解艺术，他仍然可以履行他的职责。

心灵上没有绝对紧闭的门，有的是窗帘，它会随情绪的起伏而飘动。客观化的术语和与之密切相关的心理学诊断都寻求这一可能性，总结归纳出一个人际交往中的普遍情况。这一做法没有顾及当事人的感受。从法律的角度来看，这一点无关紧要，但从心理学的角度则不然。当人们被粗暴地判定为受害者时，他们会觉得遭受了第二次创伤。

在一些美剧里，一群正直的警察和检察官对罪犯进行调查，他们犯下了"最令人发指的罪行"。观看这些美剧的人会看到这样的情节：暴行的受害者刚刚恢复过来，想要平静地生活，但现在却要和勇敢的女侦探一起对抗狡猾的罪犯。

女警官聪明且心思细腻，却不达目的不罢休。证人鼓起勇气并克服了恐惧。犯罪者很狡猾，他的律师可能更狡猾。那些了解程序或是和专家谈过话的人会无法确定，追究这类罪行的官员是否有同理心和交际能力。可以确定的是，有狡猾的罪犯和狡猾的律师——当然了！

从治疗的角度我们希望，不公的命运在受害者生命之书上写下的文字能够逐渐消失，变得难以辨认，但现在这些文字又被加粗印在上次打开的书页上，还用彩色标记的段落突出强调。当检察官取得了胜利，侦探们拥抱庆贺时，他们在自己的命运之书上记下了一次胜利。然而，他们的证人却更加难以摆脱受过的伤害——原本她们在前面的几章里或许已经能够放下这些伤害了。她做了正确的事，但现在却只有她不得不为了正义作出牺牲。而她周围的人，不论好坏，都不必这么做。

为什么这种事情会一再发生？从根本上说，我们都被自己体内的性冲动与攻击冲动的力量所困扰。从字面上看，这些冲动根本不关心它们是否强取豪夺能够满足自己欲望的东西，是否冲着弱者、无防备者以及成瘾者。

对这些冲动成熟的控制是在洞察力和同理心的基础上培养起来的。相比起同样因为冲动、出于对制裁的恐惧而进行的控制，它要全面得多，但要求更高。每一次在精神上参与犯罪，就像今天媒体上以各种方式呈现出的内容那样，都会唤起我们对越界行为的渴望——我们自己对这种越界行为下了禁令，以及因为这一诱惑对犯罪者进行报复的冲动。在"对谋杀灵魂的人判处死刑""对猥亵儿童的人进行阉割"的呼声中暗含的是这样的愿望，尽可能快地堵住在遏制冲动的罩子上的洞。这个洞是被这种"令人发指"的罪行撕开的。

在媒体社会中，这类事情的热度似乎确实是过高了。在连续剧《特殊受害者》的剧情中，愤怒的人们互相指责，受害者和罪犯的个性被律师的表现所掩盖。和受害者的痛苦与罪犯突破底线的原因相比，这种表现戏剧性更强,因为它更浮于表面。不论是胜利还是失败,在法庭上站队并参与其中让我们意识不到这一点,即我们对所发生事情的认知是有局限性的。冷漠地加快判决否定了理解罪行及其后果的可能性,而明确这一点有助于克服不适感。

7. 法庭上的丑闻
出于恐惧的冷思考

吗啡麻痹疼痛，酒精消除恐惧。这两种东西都能快速缓解令人难受的焦虑。那些对此上瘾的人会发现很难戒掉它们。因为在对抗焦虑时第一次快速的、不费吹灰之力的胜利会减弱在任何情况下对焦虑的忍耐力。冷酷的法学思维以坚定的态度，将自己置于负担感的外化和客观化的支配之下，这种决心就像毒药一样。暂时性的减轻负担所带来的后果常常是不划算的。沉迷于起诉别人和卷入法庭诉讼还算是危害比较小的后果。

快速的解决方法来自外部，却能解决内部的问题。那些选择了快速解决方法的人在这条路上每多走一步，他们的被动能力就会减弱一分。不久之后，他们甚至无法想象，没有能动主义和行为主义，他们要怎么对抗情绪上的焦虑。对抗焦虑的失败尝试不会让他们反思走过的错误道路，而是会更加斗志昂扬地寻求积极的解决方案。

在司法和精神病学的交界处，我们观察到那些闹事鸣冤的人：他们会为了得到一个"公正"的判决而竭尽全力,甚至不惜一切代价。这一判决最终确定了他们所受的伤害来源于外部,并在外部坚决与伤害进行斗争。这一开头似乎无害——至少和接下来的事情相比。

那些研究鸣冤过程的人会看到不幸情况的巧合。有洞察力的律师会带着或多或少的同理心,巧妙或不那么巧妙地抵制这样的无理要求:他们必须满足委托方对**正义的诉求**。例如,委托人会说:"从法庭上只会得到判决,而不是正义!"然而,律师行业中的另外一类人却利用了这一冲动,激化它,以牺牲委托人为代价为无望的上诉奋斗。

鸣冤过程的心理机制是对抑郁症过激的防御方式。第一次败诉威胁到了自尊心。必须根除所有漏洞,不管付出什么代价。除了第一个理由,被说成是不公正的法庭也成为焦点;一旦事情发展到这一步,战斗区域就会扩大。在闹事鸣冤的人的典型发展过程中,正规法庭上的一次败诉转而变成了对有偏见的、腐败的、不合适的法官的指责。

法院的普遍缺乏同理心的行为推动而不是阻止了这一过程。例如,一个觉得自己没有受到尊重,还因藐视法庭而受到惩罚的人,只有大量自恋的稳定性和一个给他支持、有同理心的律师,才能让他接受这个事实。有这样的法学家是人类的幸运,因为在司法中,自恋地设下的目标即是**赢得诉讼**。

面对失败,以及在失败中支持他人的被动能力,是律师们偶然地、无意识地、不自觉地获得的。因此,并不一定会有人让对司法判决不熟悉的民众充分了解放弃诉讼的经济利益。他们更多地是相信律师的建议而上诉。

一般来说，相比起果断上诉并让法院来决定其后果，让委托人放弃上诉更复杂，且获利更少——至少从短期上看。

法学思维的破坏性根源在于，它拒绝一切可能与对明确规定的追求背道而驰的情绪。为了将它们纳入法律术语，个体的关系和感受只得沦为可核实的事实。沉湎于贴近生活和情感的经历变得不再可能。

在优化行政管理、强化官僚主义的压力下，这种沉湎得以存在的空间越来越小。这个空间可以与一个诗意的概念"仁慈"联系起来——"让仁慈走在正义之前"。在德国的法律术语中，它已经缩减成了"均衡性"，这在媒体社会中往往难以维持。

仁慈是至高无上的象征：仁慈的上帝，或是我们仁慈的皇帝，我们也知道"承蒙您开恩"这样的说法，只是现在不流行这么说了。仁慈容许一定程度的不准确，而这是完美主义和防御性法律所不允许的。

> 一位校长讲述了由于两名教师怀孕而导致其他教职员工超负荷工作的情况，孕妇很想继续工作，但被员工协会回绝了，理由是无法保证不存在可能对胎儿有危险的疾病。比如说，危险的一个来源是猫粪，孩子将猫粪印带入教室的可能性就足以让其中一名孕妇立即停课。她在被迫休假期间也可能接触到猫的粪便，这种反对意见不算数，因为这种情况下，学校不必为此承担责任。

于是，世界充满了危险和恐惧。防御性的氛围形成了。不管科学发现了哪里有风险,哪怕再微小也要去抵御它,就好像每个人都已经不可避免地和它狭路相逢了。这剥夺了没有顾虑地做决定的空间。在这样的评估中,没有人提到不安全感、恐惧和对危险情形的强迫性想象对我们的情感造成的伤害。如果从头到尾计算一遍得失,计算的结果会让我们再也回不到放松的无知状态。

  一对夫妻在寻求帮助。两个人都心烦意乱,不再能向对方敞开心扉,并相互指责。一次流产之后,他们做了全面的基因检测,结果显示妻子带有1/150的遗传性疾病风险。她仍然希望有一个孩子,并愿意冒险怀孕。而她的伴侣拒绝和她发生关系。

  就像那个关于智慧之树上果实的故事所预言的那样,人们一旦知道风险的存在,就再也不能无视它了。只要能够和法学意义上理想的客观执行者拥有同等影响力的律师不抱有清白和公正,我们就不可能对抗得了这一趋势。

  这样的律师或许是存在的。这样的人或许会是心理学家和心理医生。和那些一直以来都反对贬低法学思维的艺术家不同,他们拥有自然科学的知识,这些知识可以锻造出对抗官僚主义盛行的武器。

  那些曾被写进条文里的内容,划定了生活中主观和不受官方监管领域的边界。那些违反或者歪曲法律的人都是罪犯,会遭到起诉或法律的惩罚。这就是为什么放松对生活中遭过度管制的领域的监管,废除不再适用的法律会如此困难。而另一方面,规范和法律越来越多。相比起审查现有的法律、废除多余法律和让法典更简明清晰,政府花在起草新法律上的精力要多上百倍。

加强标准化带来了经济增长和扩张,也导致了对我们赖以生存的资源的过度开发。于是出现了这样的悖论:法学上高度发达的文明确实已经威胁到了人类的生存,而那些没有文字的文明在令人羡慕的生态稳定中狩猎和采集,当他们愿意自发地记住自己定下的规则时,不会进一步去发展它们。

现在非常清楚,且任何有思想的人都不会怀疑的一点是,人类的生存取决于对大自然有节制地开发,再到愿意废除迄今为止都被认为是不容更改的法律。从长远来看,也不太可能为不断壮大的警察和司法行政机构提供资金。

未来的两项任务——拒绝浪费和打击国家的武力垄断,它们是紧密相关的。实际上,当前企业在最舒适、最快、最强的"人造假体"(比如汽车、智能手机等)方面的竞争与军备竞赛密切相关。这两者都发生在"法治国家"。在这些国家里,人们忽略了子孙后代生活在宜居环境里的权利。

在心理作用层面上,军事的高度武装和过度的司法管制象征着低级的自恋和所谓的"性器期态度"。* 它们的承诺是建立一个公正、不被敌人入侵的内部世界。它们的神话是解放战争,这场战争能够阻止邪恶的暴君夺走我们的自由。这一神话也让这样的矛盾滋生:在为自由喊得最响亮的国家——也就是美国——不仅有两百万到三百万人被关在监狱里,

---

* 关于"性器期态度",作者会在第 8 章进行详细说明。——译者注

还偏爱打造可以把地球变成沙漠的武器。

  负责这些事情的人声称,这样做可以保护他们的人民。我们习以为常且不言而喻的是,我们不仅允许政治家们这么想,而且也知道他们这么做是在履行法律授予的职责。在精神上,这是初级的情感逻辑对话语理性的胜利:只要对公正与不公、内部之善与外部之恶的划分得到足够强有力的捍卫,我们就能重返天堂——终有一天。这是一个致命的错误。这个错误是分裂的评判中固有的。为此,寻求接纳双方的可能性不得不退居其次。

  现在对于"政府机关的狂妄自大"的批评,正如哈姆雷特所说,几乎和成文法一样古老。刑事裁判权和军事受到低级划分过程的影响最深,而民法中有更多妥协的可能性,有些律师也被培养成调解员,他们的目标是,在追求胜利会导致两败俱伤的情况下——例如离婚纠纷——让两方实现双赢。这里心理学思考也得到了重视,它迄今为止在政治和战略决策中仍不得不让位于法学思考。

丑闻

  "当众洗脏衣服。"* 这是描述法庭纠纷的一句常用语,说的是在相互

---

* "当众洗脏衣服"是德语中的一句俗语,意思是当众揭露丑闻。——译者注

指责中"清理"一段关系。对于这件事情,这一运用实物来作的比喻只说中了一部分。它主要描述出了这件事情所造成的**尴尬**。我们不喜欢把脏衣服交给那些看到它上面的污点,甚至把污点公开的人。没有什么是洗得干净的——恰恰相反。在一段关系的温情时期,忍耐和宽恕占主导地位。但在(法庭上的)争吵中,双方不是在争论曾经的伤害,而是在构建由伤害**组成的**过往。

这就涉及了人类记忆的本质。它不像亚述的楔形文字那样刻在黏土片上,烧得很硬,保持不变,而是像无文字文化的传承那样,只有被反复讲述的内容才能留在记忆中。人类的感知不是照相机,而是一位讲故事的人,其中有一个密集图像处理程序在不断运行,它按照我们的愿望和利益对感官刺激进行总结。

"你朝着我冲过来,还打了我。我太傻了,没有带着淤青去报警!"

"我没有打你,我从不打女人。如果我打你了,你肯定得进医院!我只是把你赶出书房,因为你不停地对我指手画脚。我想一个人待着,这个要求很过分吗?"

在这个例子中,回忆里还带有温情——女人没有报警,男人在他自己看来没有"真的"打人。然而这里的氛围就像太阳快落山的时候,寒冷已然侵袭。男人没想过要为他诉诸武力道歉,而是对暴力轻描淡写。女人已经觉得她对报警的犹豫是"愚蠢的"。双方似乎都没有成功破译对方隐藏的台阶，找回失去的温情。

可以看到的是，出于对男人暴力的恐惧，女人没有察觉到暴力中的防御性质。她把他逼到了墙角，而他的反应就像谚语中说的那样：**走投无路的耗子会咬猫**。当猫把老鼠逼到墙角时，它的逃跑路线就被切断了，于是它就咬猫：恐惧变成了愤怒。每一个有一点人际关系经验的人都会发现，在这里人和老鼠没什么差别。妻子害怕丈夫身上的威胁，她被这样的恐惧魇住了，没有发觉丈夫也觉得自己受到了威胁。在丈夫那里也是这样。

当放弃给对方带去温暖后，夫妻间的冷漠会增加。温柔、认可和性——这些都传达出"有你我很高兴，我希望有我你也同样开心"。冷漠始于对另一半的抗议，始于付出多于得到的感受。人们经常根本不会表达出这种感受，但它会导致其中一方放弃不断地产出温情，这样一来，就只剩他/她的伴侣独自一人还在努力，直到她/他也放弃。

这类似于工作中的倦怠：在经历一系列失望和伤害后，受打击的人开始了算计。而最初他们坚信自己的工作自有其价值，工资只是次要的。"一开始我为我的工作燃烧。现在我常想，医生要比我们好得多，他们赚的钱更多，可以更好地对付病人每天带来的压力，而我们每天都处在这种压力之下！"这是一位工作了三年的护士说的话。她计划重新进行培训。

只要亲密关系处于建设阶段，建房子，装修共同的住所，生孩子，温情的丧失就很难被察觉。在夏天我们不会关心暖气有没有坏掉。一旦天气变冷，情况就不一样了。夫妻终有一天会发现，他们制造出的温情不够用了。于是，其他人温情的诱惑力越来越大。发现另一半出轨时，人们会大为震惊。责备和嫉妒加深了这种冷漠。只有对失去熟悉的人的恐惧才能阻止关系的破裂。

暖思考最主要的敌人是恐惧。恐惧关注的是在危险中获救。危险不再是寒冷、黑暗和野生动物，而变成了羞耻、内疚和贬低，但恐惧的威力并没有改变多少。当一段关系因温情的缺乏和悄无声息的退却而变得冷淡时，嫉妒会让它燃起妒火。"在过去的几年里，我们之间的交流还没有这一星期的多。"一位处于嫉妒危机中的丈夫这样描述这种情况。即使危机没有导致离婚，伴侣双方仍然决定在一起，他们也仍然没有回到温情之中，而正是温情的缺乏引发了这场危机。

只要两个人还爱着对方，污点就不会存在太久。不需要特别注意，脏了的衣服就能洗干净。伤害得到了处理，夫妻之间发生性关系，交流对对方的欣赏，温柔、关心、体贴地对待彼此。富有建设性的经历压倒了伤害性的经历……

这种情况通过对称性来维持稳定。表面上的对称是危险的：其中一方说自己比另一方承担了更多的清洁工作，希望自己为了和谐而承担更多工作能够得到赞赏，且有一天能得到回报。比如说，经年累月之后，伴侣能够下决心更多地关心自己，变得更温柔、宽容，就像她一直以来为他做出的榜样那样。

但现在，丈夫却认为，过去和现在这一给予与接受的关系都处于平衡状态。他觉得伴侣后来的要求毫无道理，根本就是试图欺骗他。

医生应该对这种事态发展保持警惕，因为即使是愿意参与治疗，也经常被单方面看作是"我在为我们的婚姻做什么"。

妻子对于夫妻间的性生活不满意。过了很久,她才下决心向丈夫承认了这一点。她请他和自己一起参加一位印度恒特罗密教瑜伽大师针对个人和夫妇的课程。丈夫对此毫无兴趣,他希望的是妻子在性方面更加积极,并明确告诉他她想要什么。

伴侣的打算让他感受到了威胁,因为有她选定的第三者掺和了进来,并且这个人要对她的情欲作出评判——他想象中的恒特罗密教就是这样的。在讨论过程中,迄今没有被注意到的冷漠和自以为是被激化了,现在双方都解决不了这个问题。

她坚信自己在为这段关系作打算,而他则认为她对他不满意,就算她不是在找一个更强大的男人,也是在找专家来评判他。现在,他常常会去妓院,和仰慕他阳刚之气的妓女开始昂贵的私通。

当出轨之事暴露,他不得不担心妻子会离开他时,他不再去妓院,同意和妻子一起去上课。但他们并没有因此重获和平。两人在自尊心上受到的震动从未平息。

心理医生对于他们的职业是偏向其中一方、不偏向任何一方还是偏向双方*,并没有达成统一的意见。有些医生声称,有偏向才能进行治

---

* 偏向双方(德语"allparteilichkeit")是心理咨询师在调解冲突时所采取的一种态度,起源于家庭治疗。它要求医生平等地站在冲突各方的立场上,努力理解各方的关切和期望,并尝试让双方相互理解。——译者注

疗,就像律师一样,只从病人的角度看问题,以"不受干扰"地了解他们的立场。[81]

家庭治疗中不可能采取这种态度。带有偏向的同理心会阻碍来做心理咨询的人对他们在冲突中共同责任的认识,从而进一步导致分歧和冷漠。如果我不和病人一起反思他们在这段关系中的行为,助长他们自恋式的期望,而不是弄清楚一段充满希望的爱情是如何发生改变的,那么我给予他们的是糟糕的帮助。因此,在我看来,偏向双方作为一种专业态度更符合开展治疗的要求:坚定地站在病人长期福祉这一边。对分歧的认识和学会容忍更多的矛盾最有助于带来这种福祉。

8. 性器期 VS 生殖期*
冷沟通和暖沟通

将身体和社会用某种方式联系在一起,使人们能够洞察无意识的力量——这是精神分析的特点之一。其中包括对性器期和生殖期的划分,它源于弗洛伊德的性理论。根据这一理论,性器期开始于婴幼儿时期(从2—3岁开始)。它的特点是,心理结构只承认一个性器官,以竞争为导向,与"他者"——以异性的生殖器为象征——的交流是不可想象的。在侵犯他者、陌生人的冲动中,性器期是冷酷的,投射替代了理解和同情。

---

* 性器期和生殖期来源于弗洛伊德的性心理发展理论。弗洛伊德将性心理发展概括为5个阶段:口腔期、肛门期、性器期、潜伏期、生殖期。其中性器期是最重要的心理性欲阶段,发生于3—6岁。这一时期,性器官成为最重要的动情区,处于这一阶段的儿童表现为对异性父母发生了性兴趣。他们会对性器官很好奇,也会发现触摸它会有奇怪的快感。到了青春期,随着生理发育的成熟,于是进入人格发展的最后时期——生殖期。在这个时期,个人的兴趣逐渐地从自己的身体刺激的满足转变为异性关系的建立与满足,所以又称两性期。儿童这时已从一个自私的、追求快感的孩子转变成具有异性爱权力的、社会化的成人。弗洛伊德认为这一时期如果不能顺利发展,儿童就可能产生性犯罪、性倒错,甚至患精神病。——译者注

在力量存在差距的情况下，性器期的情况会导致性侵犯：犯罪者不仅无视了受害者的反抗，而且在回忆时还进行了否认，转而说成是获得了同意。现在，生殖期性行为的自然发展不是源自对这些性器期冲动的压制，而是来源于，它延伸到同意性行为的"你"。当为了确保性器期因素得到压制而牺牲生殖期性欲的时候，如果这进一步的发展失败了，就常常会导致伴侣之间接连不断的矛盾。

马克斯和安娜结婚五年了，有一个三岁的儿子。孩子出生后，他们就对性提不起兴趣了。在治疗中，两人一开始都强调他们彼此相依为命，并将性方面的问题归结于婴儿和职业压力带来的困扰。直到医生进行了追问，失去性欲的一个原因才显露出来：安娜觉得马克斯在做爱时很"机械"，她也把这点告诉他了。结果，马克斯就再也不碰她了。安娜现在坦白了她从未告诉马克斯的事：她很少有高潮并为此感到羞耻。她无法告诉马克斯，他不用想着一定要满足她。他没必要非得证明自己，这样也可以很好。而马克斯根本不想"自私"地去"逼迫"安娜。

与其说是性器期阶段，不如说是性器期的态度更有意义。"阶段"暗示了它有开始和结束；但从观察中我们知道，性器期和生殖期这两种态度贯穿于我们整个生命中，性器期的爆发在任何时候都可能发生。生殖期用同理心和洞察力去调和性器期，让它成为一个在有利情况下稳定的整体。这种态度更有社会价值，但也更麻烦，更耗费时间。

托马斯·曼*（Thomas Mann）在他的中篇小说《威尼斯之死》（*Der Tod in Venedig*）中描述了这种成熟的生殖期态度会如何走向瓦解。在内战中，关爱家庭的父亲变成了残暴的强奸犯。

从性器期向生殖期的过渡和转化需要基于特定的背景，它使稳定的（爱情）关系成为可能。罔顾一切反抗，坚持要做自己想做的事，这种冷酷的冲动会在与伴侣的关系，以及在对方所期望的同理心的影响下让位于交流。在这种交流里，双方生活中的快乐增加了，自尊心也得到了增强。

如果我们把文化的发展看作是一种进步，就会诱导旁观者去看有进展、有新事物出现的地方。从事物变得比人更有影响力开始，他们就再也移不开眼睛了，每天都沉迷在商品的图像里。不知不觉中，它们让我们对一种命令言听计从，这种命令所展现出的力量超出了对我们有利的范围。

虽然我们现在使用的大部分是歌德时代的语言，但我们生活的世界已经发生了翻天覆地的变化。在古代的庞贝城和歌德生活的魏玛城里，人们的生活方式没有本质上的区别。在随后的 200 年间，生活方式所发生的变化甚至比之前的 2 000 年还要剧烈数倍。当我们说，它变得**认不出来**了，我们便是受制于眼睛。眼睛是人类命令式的感官——快速的图像，快速的反应。一旦我们转而来到听觉的世界，音乐、史诗，所发生的

---

* 托马斯·曼（1875—1955），德国作家，1929 年获得诺贝尔文学奖。代表作有《布登波洛克一家》《魔山》等。——译者注

变化就会少很多。

盲人生活在一个和视力正常的人完全不同的世界中。这个世界更慢,更谨慎。通过触觉和听觉辨别方向的方式是一步接一步的,不像图像那样拥有显著的同步性。在希腊神话中,盲人不仅比视力好的人缓慢,他们还对现实有更深入的了解,能够领会意义,看到视力好的人看不到的未来。

消费型社会和它通过大小屏幕施加的视觉蛊惑加剧了我们对世界体验的差异。在过去,我们生活中的事物都只会发生缓慢的变化。现代社会的进步主要是一种视觉的进步。我们现在认识到过度的加速和缺乏休闲对我们的健康有害,这并不奇怪。但问题是更深层次的,它会导致人们极为看重社会各领域中的竞争,还会导致同理心的消失。

大多数父母都知道,让沉迷于屏幕的孩子回到人群中,重拾对他人的需求有多么困难。和移动的图像比起来,真实的人更难控制。对于图像来说,我只需要用简单的手势——像摩擦阿拉丁神灯一样,就能召唤或者驱走它。那些在现实世界中会带来紧张感的地方,在屏幕上却给人轻松的感觉。那些在现实世界中我或许无能为力的地方,在虚拟世界中我却可以很好地掌控。在日常生活中,没有自己的努力、观察和询问就无法知晓他人的内心世界,而演员却可以将其呈现在屏幕和显示器上。

演员不仅更有吸引力,而且更有表现力、娱乐性。他们的一举一动中展现出明确的情绪和价值观。他们生活在可以施展他们力量的场景中。和慢吞吞的现实和枯燥的例行公事相比,这一整件事似乎更真实、更吸引人。虚拟世界中的自恋镜像泛滥成灾,还充斥着大量对浪漫、美丽、宏大的自然和人类戏剧的参与。在真实世界中，要得到这一切很难，需要努力。

在图像世界的影响下，各种力量的增长导致人们不再像以前那样对自己身边的人感兴趣了。他们无比怀念理解和同理心，却给不了别人理解和同理心，也找不到补救方法。

数字媒体能够进行迅速的反应，它改变了我们所认为的了解一个人预期"正常"需要的时间。然而，每一次加速都意味着冷漠的增加。好/坏的模式即刻见效。脸书重新采用"竖起大拇指"的手势并非巧合。罗马皇帝用这个手势来决定竞技场上角斗士的生死。

然而，同理心需要时间，因为陌生的东西得以产生影响，人们也需要一段时间来理解、整理他人的处境，并与自己的反应进行比较，直到对对方的情绪状态有清晰的认知，并且对如何认识和改变这种关系有了构想。

智能手机上的交流证实了这种发展。人们越来越多地用文字沟通，话说得越来越少。沟通者害怕鲜活的交谈中的生殖期特质。交谈中会发现共同点，但我们也会在对方身上发现陌生的东西。人们希望把自己投射到文本中，那里只会有他们自己对事物的看法。如果点击一下屏幕就可以结交或删除好友，那么人们就没有那么多理由去发展自己的社交能力。

当下在人生的每个关键阶段，我们都被虚拟或现实的选择所困扰。

作为交流的货物

尚未售出的产品与已经售出的产品进行搏斗,试图将其逼入深渊。企业对所有已经售出的商品都不再感兴趣。它千方百计地让我们相信,只有一个方向能带来进步:从有欠缺的"旧"到更好的"新"。企业能够迅速地将人们说服,这和视觉媒体有关。

当我们的大脑在进行活跃的基因选择的时候,当它处在一个稳定的环境中,有大量时间把直立人逐渐塑造为智人的时候,它获得了它的特征。今天,我们生活在一个瞬息万变的世界里,基因选择几乎没有机会对这一匆忙的步调作出反应。

地球上99%的智人都是狩猎者和采集者,有什么吃什么。从遗传学上讲,自旧石器时代以来,我们几乎没有什么变化。如果一对在纽约的夫妇收养了一个爱斯基摩婴儿,在一个完全不同的环境中,和那些父母和祖父母几代人都生活在城市里的同学相比,这个孩子会和他们做得一样好,或一样差。

最早研究这一动态关系的神经科学家之一是西格蒙德·弗洛伊德。他最初是一名神经学家,写了一本关于脑损伤后语言障碍的书,即所谓的失语症。他没有在大学里找到研究的职位,不得不去开诊所,因此转向了神经疾病的治疗,但仍然保有研究的热情。

困扰他病人的"神经机能病"被认为是"退化性"的脑部疾病。肩负着治好病人、为他们找到希望的任务,弗洛伊德发现,他们病症的原因不是器官方面的问题,而是倒退带来的结果。神经症患者被困在过去,退回到创伤的记忆,不能从冲突中走出来。这些冲突导致他们在大脑发育的早期阶段难以对欲望和恐惧进行处理。

在从神经学转向心理学的过程中,弗洛伊德放弃了神经解剖学的概念,并创建了一种介于诗学和本体论之间的"元心理学"。他发现,要向病人解释他们为什么会患病,什么可以帮助他们康复,使用精神内涵在解剖学中对应的词汇是说不明白的。

解剖学的表达方式构建的是一个客观的、外部的世界。然而,在理解人类的经历与体验时,弗洛伊德采取的方式是进入内在的、主观的世界。在这个世界里,父母的形象、神话、诗歌和文化发展与对大脑中神经群的描述相比,更有吸引力和影响力——而这些描述后来在对神经的流行的讨论中逐渐被赋予了感情色彩。

一旦人们意识到了神经信号,语言和流传其中的文化,以及文化中的规范和价值观,就会获得一种权力。这种权力迄今为止几乎没有发挥过作用。我们可以在没有感受到情绪波动的情况下谈论愤怒或恐惧,我们的身体也不需要出现伴随这些情绪的变化(如脸色潮红或苍白、心跳加快、肠道痉挛)。

我们可以分析冲动行为,但是从分析中我们也了解到,在"冲动情况"下,人们会忘记所分析的一切。

虽然心理治疗能够帮助我们深思熟虑地、有建设性地处理冲动,但如果冲动针对的是这种深思熟虑的处理方式，那么心理治疗就起不了作用。让人们觉得有破坏性的不是冲动，而是反映和遏制冲动的尝试。

虽然乍一看，更为切身的问题是，到底是什么导致了冲动的人做出破坏性的事，但从心理学的角度来看，另一个问题更有意义：是什么让一些人在控制原始冲动方面比其他人做得好很多？小孩子比大人更冲动。那些认真观察婴儿的人都能感觉到，在这个年龄段，肉体与精神的兴奋状态如何无差别地影响整个机体。

心理的发展遵从允许和抑制的原则。成功的模式得到允许，不成功的模式则被抑制。对冲动的成熟的处理方式主要是通过对身份的认识获得的。如果一个女子，小时候她的母亲在生气时用手里的任何东西打她；一个男子，他的父亲认为用鞭子抽打他是有教育意义的，那么他们成年后会很难恰当地处理自己的攻击性。

冲动母亲的女儿由于恐慌病前来治疗，因为每一次冲她丈夫**发火的冲动**都让她感到恐惧，害怕这会破坏他们的婚姻。她拒绝把自己看作是一个残酷的母亲，转而认同一个自己创造出的形象，这个形象**没有任何攻击性**。这和她护士的工作也相符——但却阻碍了她与伴侣的交流。

鉴于人类的冲动性，洞察力只有在认识到自己的软弱无能时才是有用的。诸如："我知道打我老婆是不对的，我发誓我再也不这么做了！"这种说辞为下一次冲动的爆发铺平了道路。更有用的是练习和定规，它们能实实在在地看到危险，避免错觉的产生。要控制冲动很**容易**，所需要的只是正确的决定。

早期的精神分析所处的文化背景是对性欲的压抑和妖魔化。在这样一个过程中,受分析者的需求和欲望是一个强大的盟友:对此感兴趣的、仁慈的分析者弥补了早期社会化中对性欲的敌视。个体得以重新定位自我,并更好地与自身的情欲需求和谐相处。

如果说"典型的"病人必须理解自己受压抑的欲望,那么对冲动型人格的分析则是要理解对方,并与之进行有建设性的交流。在心理医生的帮助下构建身份认知是一种"超级学习",它往往可以从现象学上进行理解:"当争吵变得激烈的时候,我突然想到了你。"

进步与倒退之间的矛盾

弗洛伊德把心理发展中进步与倒退之间的矛盾比作民族迁徙:游牧民族不会全体从一个地方出发,到达同一个地方。迁徙会分批进行,不同的队伍不仅不会同时走,而且还会在不同的地方暂停、休息。有些人不想再走下去了,就多多少少建了一些固定住所。其他人则继续向前。如果他们遇到阻碍,遭遇失败,那么首领也有可能会掉头,回到以前占领的地方。对爱情来说尤其如此——我们总是回到我们最初的爱。[82]

日常生活中的例子有:对婚姻感到失望的男人搬回母亲家;没有找到工作的大学生留在父母身边;高中生在爱情失意后暴饮暴食("失恋肥"),或者为了**抵御**这种倒退,她身上出现了相反的临床表现——她患上了厌食症。

在心理的倒退中，处于掌控地位的是一种低级的防御机制：分裂。它使得一种活跃的、遵循着感觉和同理心的调节被僵硬的原则所挟制。就像在饮食障碍中发生的那样，在倒退回口腔运动的过程中，由需求和满足产生的由内而外的调节不复存在。测出的体重，镜子里看到的身材，节食计划压倒了对饱和饿自发的感知。对自己和他人需求的理解发生了倒退，"我"极力追求对饥饿的完全控制，然而还追求对亲密的人或者心理医生的控制。

倒退也有可能发生在群体中。在这点上我们发现了"前进，我们必须回归"这种矛盾的姿态，它在革新和改革运动中十分典型。早期信仰的精神，以及一场运动的传教热情被调动了起来，以对抗它自己的停滞不前。自农民战争以来，这种姿态的政治爆发力在基督教中是有目共睹的（"在亚当掘地，夏娃纺织的时候，贵族在哪里？"）。

倒退是为了降低复杂性。性成熟这一高要求的目标，即由同理心和依恋而产生的生殖期关系，对两个人来说是很复杂的东西。在倒退回性器期的过程中，一种性别占据了主导地位，一种器官，它在必要的时候会动用武力保证自己的优先地位，它喊叫，却不倾听。

生殖期式的爱是心理成熟的象征。在这种状态下，低级的分裂可以得到弥合。而这种分裂也是那些偏激的事物存在的条件。和那些固着*于口腔期的人一样，偏激的人无法分享他们的认可，他们的忠诚。他们

---

* 固着（fixierung），根据弗洛伊德的理论，如果在性心理发展的某个阶段得到过分的满足或者受到挫折会导致固着，固着将导致无法正常地进入性心理发展的下一个阶段。——译者注

不允许自己的所爱之物不只属于他们，同时还属于其他人。福音书中也有一句典型的偏激分子的表达："不支持我的人就是反对我。"

令人不安的是，在这个时代，倒退到性器期式的交流方式占据了上风。肆无忌惮、无休止的争斗，运用严格以自己利益为基准的思维来歪曲真理，乐于指手画脚却不愿反思——这些都成了主流，不仅在民粹主义政客中，而且在他们的对手和带着恶意评论弱者的媒体中也是如此。

和性器期式交流不同，生殖期式交流懂得区分独立和共同的忠诚。它可以感受到善，尽管不论是过去还是现在，恶也是从中产生的。

在团队和机构中我们可以看到，在冲突中要控制自己不倒退到性器期水平有多难。那些曾为他们的立场激烈争论过而又遭否决的成员，哪怕有对于建设性工作的共同兴趣，我们也从不轻易将他们纳入团体中。

在这种情况下，我能否维持在生殖期水平上，并始终认识到，我要支持大多数人的决定，即使我投了反对票，因为我一直都是这个团队的成员，和其他人有着共同的追求？还是说我每次都在下一个会议中进行新的辩论，把持有不同意见的成员都视为敌人，进一步加剧团队的分裂？

多数人对少数人的尊重，以及对他们不满的理解，是一个稳定团队的特点。这种团队里的人希望继续合作下去。他们能够不把少数人的不同意见看作是困扰，而是视为资源。

生殖期式交流的特质可以用一系列要素来描述：**同时**经历排斥性和吸引性的载体，**减速**，**幽默**。而性器期式交流的偏激特质是由它的对立面决定的。它焦躁不安，没有幽默感，维度单一，夸大其词，既不允许恶中有善，也不允许善中有恶——以及它极快地作出判断，把正确的事情抬高到绝对，对错误的事情也是这样。

生殖期式交流将"我"置于面向"你"的体验性联系中，而性器期式交流则不加思考，只遵循着幻想中单方面认为正确的和"你"的交往方式。

低级的和成熟的自恋

性器期式和生殖期式交流模式的对立与"低级"和"成熟"的自恋模式相关。低级的自恋不能培养起梅兰妮·克莱茵（Melanie Klein）所描述的"抑郁"心位；在这种心位中，孩子能够将与母亲关系中好和坏的经验与同一个人的形象联系起来。

性器期式交流和低级的自恋是**倒退**的现象。如果在生活中我们的意识不得不处理大量的内在与外在刺激，导致它不再进行区分、放弃权衡，我们就必须对这种交流和自恋进行思考了。

对草丛中的沙沙声、树丛里半明半暗的物体作出闪电般迅速的反应，好像那是毒蛇、老虎一样，这对草原上的生存是有利的。同样地，对这种迅速的反应的审查也有利于生存。这种审查需要更长的时间，它将记忆中的图像与当前的认知联系起来，并仔细地进行比较。危险真的存在吗？我应该逃跑或者战斗，还是迅速的反应骗了我，那只是吹过草丛的风和树丛里的影子？

根据"我想要的也是你想要的；如果不是，你就是异类，是敌人"这一出发点,性器期式交流将复杂的情况变得一目了然。在其他人的需求侵吞我自己的需求之前,我先满足自己的需求。阿尔弗雷德·阿德勒(Alfred Adler)认为"争取权力"比性欲更重要,它根植于我们对安全的需求中,因此也来源于对恐惧的抵御。[83] 当我行使权力时,我就能避免无能为力。

限制权力和反抗权力的滥用是具有挑战性的社会议题。就像性器期式交流所追求的那样,不受限制的权力简化了复杂的事实,给出了明确的方向。在军队和医院等子系统中,不受限制的权力仍旧是理所应当的。在这些地方,迅速行动比创造力或同理心更重要。

对于和军事有关的一切来说,减速和幽默都是陌生的——和军事相关的东西是有棱角的、急促的、果敢的、锐利的。这些东西代表了性器期态度,并对这种态度进行训练。每个人都只能做**同一个**动作,穿着应尽可能一致,并且以可预测的方式与他人交往。通过一个精心设计的徽章和仪式系统,人与人之间的关系不是通过理解与同理心建立的,而是借由信号给予者和接受者来升温。

简化和外部化为战争中文明解体所带来的混乱创造了条件。战争是文化上的倒退,这决定了它的狂热与恐怖。性器期式的英雄能保护人们免遭更严重的混乱,骑士杀死龙以拯救少女的神话证明了这一点。

性器期的困境在于,我们需要冷酷无情的防御来对抗同样冷酷无情的侵略者,但同时我们又不能确定,仅仅是武器、军备以及他们塑造出的阳刚之气,这些东西的存在是否就已经对和平构成了威胁。耶稣的山上宝训*不仅领先于他的时代，而且领先于每一个人类时代。它在基督教会中没有找到稳固的支持，在教会之外也几乎没有。

如果我们能不受审查地了解到关于世界的知识，我们就能接近民主，并形成对思想自由的理解——这是一种错觉。在"阿拉伯之春"的起义中，我们在许多报道中都见到了这种希望：在年轻人使用谷歌的地方，独裁者不再有机会。然而事实证明了：民主的基础是尊重持不同意见者的**态度**，而不是关于民主、宪法和自由的知识（与言辞）。

每个阵营的极端分子都把世界分成两半，一正一邪，把自己看成是正义的斗士，坚信自己清楚且能够迅速判断出什么是邪恶的，应该怎样做才能把它从世界上根除。在这种分裂中暖思考没有容身之地，因为犹豫不决的、奋力寻求理解的朋友会受到攻击，就和被宣布为敌方的人一样。在沦落为权力争夺的世界里，同理心和区别对待没有存在的空间。民粹主义通过躲进这样的民众中而存在：他们觉得自己站在正确的道路上，不可阻挡，坚不可摧。只要这些民众还在，民粹主义的拥趸就能继续躲藏，但当与事件的联系断裂时，它的力量就会瓦解，而当前的事件往往取代了领导者的位置。[84]

---

* 山上宝训指的是《圣经·马太福音》第五章到第七章里，由耶稣基督在山上所说的话。山上宝训当中最著名的是"天国八福"，这一段话被认为是基督徒言行及生活规范的准则，涉及的内容包括如何认识福，如何认识律法，对发怒的定义，怎么对待犯奸淫的人，等等。——译者注

报复

"大约在16世纪中叶,哈弗尔河畔住着一个马贩子,名叫米迦勒·寇哈斯(Michael Kohlhaas),是一名校长的儿子。他是那个时代最正直同时也是最可怕的人之一。在他30岁之前,这个不平凡的人一直可以看作是好公民的典范。在一个至今仍以他的名字命名的村庄里,他有一个奶牛场;在那里他默默无闻地用手艺养活自己。在对上帝的敬畏中,他培养妻子为他生下的孩子,让他们拥有勤奋和忠诚的品格。他的邻居没有一个人不喜爱他的仁慈或正直。总之,如果他没有在一种美德上做得太过分,世界必定会纪念他。但正义感使他成了强盗和杀人犯。"[85]

人类复仇的冲动最早在小孩子的愤怒中表现出来,他们"惩罚"了母亲,因为她迟到了。当婴儿哭的时候,母亲会来给他喂奶。如果母亲的**乳房给得太晚**,婴儿可能会拒绝,不想喝。

母亲的迟到对婴儿造成了伤害,但其背后的意义是清楚的:母亲必须明白,在任何情况下都不能迟到。如果母亲理解这一点,那么事情就会顺利地发展下去。但如果她的反应是反感,并反过来拒绝母乳喂养,就会出现恶性循环。

有些生活条件塑造了我们冲动的遗传基础。在这些生活条件中,**幼稚的复仇怒火是一个标志**。父母意识到,发展自主性对孩子来说有多么重要,孩子则学着尊重父母具有压倒性优势的权力和学识。

在成年人的交往中,倒退回这种标志是灾难性的,就像克莱斯特在《米迦勒·寇哈斯》(*Michael Kohlhaas*)这部中篇小说中描写的那样。那些沉浸在自恋式的复仇怒火中的人,他们已经没有分辨能力了。这一标志本来不应该出现,却又真的出现了,它的大规模与强破坏力没有上限。恐怖是一个暴力剧场,其特点是报复心和对得到关注的自恋式贪欲。在恐怖袭击后我们看到的许多反应说明,践行这种机制的正是以下这些人:他们假装和这种机制作斗争,却不愿承认自己如何以这种方式推动了它。

思考和感觉的偏狭是性器期式交流的一个关键信号。它在临床心理学的诊断中起着重要作用,并被当作评估危险时的一个标准——例如,考虑自杀的人是否真的会自杀,或者威胁要杀人的、愤怒的人是否真的会采取行动。

只要想法处在变动中,并能从威胁自尊心的羞辱感中转移到其他的内容上,实施谋杀计划的危险就很小。

> "几乎每次站在铁轨边,我都会想:如果你现在跳下去,你就终于可以得到安宁了。但我又想到我的孩子,或者我会变成什么样,于是就没有这么做。"

如果能坚持治疗，并且上文中患抑郁症的母亲能够打消她自杀的念头，那么事情就会变好，她的医生使她和她的家人免遭被关进上锁病房里的耻辱。但是，如果她有一天晚上喝醉了，对抗力变弱了，感知受限，并对自己做了点什么呢？心理医生中也有自以为是的人。他们声称自己没有犯这样的错误——仅为病人提供治疗而不限制其行动，并立即将病人送进上锁的病房。

　　偏狭的思维可以与 19 世纪精神病学中的"固定观念"联系起来，后者在后来以"超价观念"*重新出现。其他的想法会根据情况而改变，重复一个明显让对方厌烦的想法也违反了礼貌的规范，但这些想法却**必须**得到重复。它们类似于一种社会强制仪式。

　　超价观念的背后是恐惧，它只允许那些能够用来建造堡垒的东西，以抵御即将到来的危险。这种精神状态与诗人的"死而涅槃"正好相反：放手是不可能的，心灵全神贯注于这一件事——针对自身的反对意见，以及对不容辩驳的事物的异议，要运用一切手段去对抗它们。

　　因此，"死而涅槃"的方式开辟了一个生存维度。事实上，或许真的有必要思考生命的短暂和脆弱，从而打开自己，不再试图固着于性器期与自恋中。

　　偏激者、刚愎自用者、寻求报复者和恐惧者不可能拥有这种广阔的视野。这表明了这些情况之间的关系，但也表明了对它们进行处理的困

---

* "超价观念"是一种不断占据灵魂并支配所有其他观念的观念，即为某种强烈情绪所加强并在意识中占主导地位的观念。一般都有一定的事实基础，不过由于情绪影响强烈，便对此事实作出了超常的评价，并坚持此观念，以致影响行为。——译者注

难性。焦虑症患者可以通过同理心和关怀得到帮助，但是像偏激者那样疯狂地抵御恐惧的人，是难以接近的。

现代社会有一长串的要素，它们贬低耐心，偏爱快速的解决方式，即使这些方式是破坏性的。通信变得更快，技术设备和计算机程序飞速更新换代，远程操控和光标加速了从无聊的画面到可能更令人兴奋的画面的切换。

无条件得到满足的注意力需要快速的刺激。图像的加速切换磨损了耐心——耐心不仅仅在其词语含义上与愿意忍受成长所带来的痛苦有关。当我们把20世纪70年代的一部奇幻影片和现代的翻拍进行对比时，我们可以确定一件事：和早期动画晃动画面上的动作相比，金刚和哥斯拉的动作**更快了**，场景和剪辑更有戏剧性。

由于恐怖主义侵入文明世界，快速解决与缓慢发展之间的对比被政治化了。在2001年，经由几个世纪建立起来的、现有的对谋杀性私刑的处理方法已经不够用了。各国倒退回从前并开战。战争影响了更多无辜的人，而不是有罪的人。从那时起，由于对这种解毒剂的滥用，所要打击的罪恶也成倍增加。

在我们由媒体和屏幕主导的世界中，戏剧性故事的红利高得令人难以置信，并发展出了一种破坏性的强制力：那些没有相应戏剧性故事的人显得软弱、苍白、毫无价值和无助。让我们设想一下，恋爱关系中的纠纷升级，一个有名望的男人被逮捕，他的前情人有一个丰富多彩的、详细的故事要讲——他是如何用刀威胁并强奸了她。

而这个故事在男人这里的版本是微不足道的，且在医学上毫无价值——他说："我没有这样做！"他的声誉和公司就这样毁了。在法庭对此案进行审理之前,他已经在新闻中被打上了烙印。他迄今挣得的一切不是毁在他前情人的所作所为上,而是毁在公民社会没有尊重它赋予自己的法律上。

在媒体的"判决"中没有利弊的权衡。对当事人来说,其后果往往比正规法庭的惩罚更严重。人们有了这样的印象,在名人的世界里,我们面对的不再是稳固的存在,而是膨胀到爆裂点的气球。一点微不足道的小事就足以让一生的建树失去价值。多年前的过错——它往往甚至没有得到证实——比一生的成就更有分量。

通常的做法是使跌落和之前的高升一样富有戏剧性。既然污点抹去了一切,它就必须和那些成就一样大,甚至比它们更大,否则就是对罪责的轻描淡写、对恶棍的包庇。

如果警察和司法部门没有追究他们所知道的犯罪行为,他们自己就是在犯罪。这里所使用的表达方式说明了国家秩序灵活性的限度,即我们所说的"妨碍司法公正"。另一方面,每个孩子和成年人都有隐瞒自己的行为和为此撒谎的自由,且不该为此受到指责。从美国的犯罪小说中,我们知道警察有责任对罪犯作出"米兰达警告"*,必须告知罪犯他可以保持沉默。

在媒体中"米兰达警告"并不适用;恰恰相反。谁保持沉默,谁就是在**掩盖真相**。这个词让人联想到当年当局用毛笔将与他们的要求相抵触的文件弄得无法辨认。那时警察掌控着所有可公开获取的信息,用好

---

* "米兰达警告"是指美国警察、检察官在逮捕犯罪嫌疑人时告知嫌疑人他们所享有的沉默权;即嫌疑人有拒绝回答执法人员的提问、拒绝向执法人员提供信息之权利。——译者注

心去掩盖那些被人们视为犯罪的东西。今天,情况正好相反:那些使用毛笔的人不是在打击犯罪,他们本身就是罪犯。

在教会传统中,忏悔和(告解)秘密并存,各有各的优点和缺点。谁想加入媒体的大合唱而不发出不和谐的声音,就必须遵循它们不分青红皂白的立场:及时而全面地澄清和陈述——只有这样才是好的。沉默或内部解决是不好的。

媒体**必须**相信,人们饱受沉默之苦,而发声会让他们获得活力。这绝不是真的,但现在填补版面和广播时间的是说话的人,而不是沉默的人。让媒体对保持沉默和尊重秘密感兴趣,实现这一点的希望和把狼变成素食动物差不多大。

如果我们为媒体世界中均衡性的彻底丧失和作评判速度的显著加快寻找一个心理学模型,我们会不可避免地碰上低自恋的活跃性。理想化和贬值如闪电般迅速地相互转化,就像有罪的明星变成可鄙的、烧焦的灯芯。没有最极致的东西是不行的,无论是好的还是坏的事物。

媒体的判决似乎有一个超世俗的法庭,凌驾于易犯错的、依靠证据的世俗法庭之上,可以创造出超越时间和空间的正义。在这个新闻界和脱口秀的法庭上,人们主要庆贺的是最终开口说话的勇气。

站远一点看,整件事情就是悲哀的、无用的,没有教育或启迪的价值。它的启发性只在于清楚地表明,在酒店房间里,想要从一个穿着浴袍、具有攻击性的男人手里逃脱,已经很困难了,而想要从冷酷的力量手里逃脱则完全不可能。这种力量切断了所有的逃生路线,并为了创造收视率、点击率和销售量而牺牲那些丧失亲人的人。

9. 逃入大脑中
冷酷的神经科学

"一个女人在大屠杀中失去了她的同事和朋友。在那之后她处在警察的保护之下,不得不接受自己阴差阳错得以幸存的事实,她应该立即向前走,毕竟全世界的人都在等待《查理周刊》幸存成员的反应,然后她失去了记忆,也暂时失去了语言,忘记了吃饭和睡觉,并担心自己再也无法作画。'我觉得我好像看着自己在爆炸。'她有一次对心理学家这样说。心理学家向她解释道,她被分解了。这是大脑的自我防御反应,肾上腺素和皮质醇大量涌入,引发了'记忆麻醉'。"[86]

在《南德意志报》的一篇书评中,记者亚历克斯·吕勒(Alex Rühle)试图通过这些句子描绘一位女绘图员所受的震动,她从《查理周刊》编辑部的大屠杀中逃脱。对此敏感的人会发现今天这样的比喻随处可见:在关于经历的叙述中突然出现了"大脑的反应"。作者似乎没有注意到他们论证中的这一裂口，就像钟的裂口一样，眼睛看不到它，但耳朵听得到。

长期以来，受过科学教育的人都认为，**所有的经历都是大脑的活动**，这一点已经得到了证明。如果我们的神经系统得不到氧饱和血液，我们就会在几分钟内晕倒。最迟半小时，机体的所有神经活动就会停止。

从她醒来的那一刻开始，通过行动和反应，上百万的神经细胞伴随着吕勒讲述的故事中的女主角。这种伴随是不明显的、微不足道的，我们不说"**我的大脑**对新鲜面包的气味有反应，我有了食欲"，而是说"**我闻到**新鲜面包的气味，我有了食欲"。

然而，如果我**什么都没有**闻到，我必须向自己解释，我大脑中相应的中心或者黏膜中相应的细胞没有发挥作用，以及其原因。缺乏有机结构而导致**无法进行**体验仍然是神经科学最重要的研究领域。由于创伤经历，我们突然间不再使用同理心的语言，而是在大脑中心和释放的神经激素中将创伤物化。在这个时候，我们的自发性框架就会发生一些变化。

这种大脑语言的本质——也就是关于大脑的讨论——在于，比较的方式作为所谓关于物质的知识强行进入心理体验。这种比较利用了自然研究的威望，却没有遵守它的原则。这其中的许多行为不仅是错误的，而且是虚伪的。它利用了人类简化复杂过程的倾向。这些术语听起来条分缕析，但这些模型可以像格林兄弟的童话故事一样被杜撰出来。

克里斯蒂安·韦伯*（Christian Weber）用一个贴切的对比来说明这种自以为是：

"假设发生了饥荒。那么，空投大脑扫描仪，并研究营养不良的人大脑中发生的神经生理过程是否有意义？毕竟，能够想象得到的是，我们可以发现他们的大脑与饱食者的大脑之间的差别，而这些差别会在重新摄入食物后消失。这样，人们就可以干净利落地证明，吃饭有助于消除饥饿。成了。为什么我们需要发展专家、农学家、经济学家和政治学家？"[87]

韦伯用这一对比来回应一位英国心理学家的研究，该研究在"大脑研究在教学任务中的应用"方面得出了颠覆性的结论：到目前为止，在文献中还找不到基于大脑研究的新的、有用的教学建议。[88]

这一批评没有遏制住狂热。这样的狂热让作者们变得自命不凡。他们希望，对基本不说话、无悲无喜的大脑扫描进行大胆的解释，就能够"真正"坐实心理学的平庸无能。当我们不仅**体验到**自己可以做某件事，而且还有人向我们证明大脑中有负责此事的中心时，其中似乎会有一种古怪的安慰。以同理心为例，我们会读到所谓的"镜像神经元"。科学家们几乎是胜利地、以创新的姿态宣告，人们不仅可以谈论同理心或者相

---

* 克里斯蒂安·韦伯（1883—1945），德国政治家，纳粹时期担任帝国议会议员、党卫军旅长和慕尼黑市议员。——译者注

信它，而且同理心真的**存在**，我们**拥有**它——这一点终于得到了**证明**。到目前为止，我们只是简单地感同身受，但现在我们终于知道，我们真的能够做到，因为我们的大脑这么"做"了。

在人类镜像神经元及其对心理治疗的重要性这一观点提出几年后，其他研究人员宣称它们的存在是"未经证实的"——算了吧！这里描述的所有中心基本上都是如此。实际上，神经科学只弄清楚了大脑的一小部分功能。目前，关于中心和整体功能的辩论都归结为"不仅—而且"，总是和许多开放性问题联系在一起。

组织感情和传递信息的"霍蒙库利"* 是一个神话。它们与实际功能的关系，不亚于宙斯与雷电，或波塞冬与潮汐起伏。不可能存在这样一种科学依据，它提出"观察大脑"，将其作为一种方法论路径提升到神话之上。

把自己和其他人变成一个神经解剖学标本有什么吸引人的地方吗？人们似乎坚信，大脑中一个活跃或不那么活跃的、由或多或少的细胞组成的、有一个或多或少令人遐想的名字的"中心"，只要和它的功能搭上关系，就能使一种说法具有有效性。如果没有这种关系，有效性就会缺失。到目前为止，我们只是思考、假设、研究心理——**现在我们有了！**综上所述，被限制住的思维选择了对事情进行简化。（周围）世界的不稳定

---

* 霍蒙库利（Homunculi）是德国市场上最成功的角色扮演游戏《黑眼》（*Das schwarze Auge*）中的一个角色。它是由文化创造者按照自己的模式设计，或选择无意志的活体物质炼制而成的生物。除了它们的人工意志，霍蒙库利还从它们的创造者那里获得了特征、特性、优势、劣势和技能。——译者注

导致不确定性越来越多,这种不确定性让伪确定性变得更加有吸引力。大脑中心的比喻与基因的比喻非常相似:这里媒体也急切地报道那些不是发现的发现。

例如,人类的一夫一妻制。这是一种社会制度,在大多数文化中都可以找到它的不同形式。它从群体关系中发展而来,由群体定义,并在文化上受到严密的监管。

因此,在"严肃"的报刊上——这里指的是《南德意志报》——看到这样的内容,实在是令人惊讶:"美国研究人员'查看'了男性的大脑,发现了一些令人吃惊的事情。"[89] 当然,没有人真的去查看大脑,而是对酶谱进行比较,以此来研究基因组。而获得的发现仅仅是,这些酶谱与一些实行一夫一妻制的两栖和脊椎雄性动物体内的酶谱是相似的。[90]

对于一个关于老鼠、慈鲷和青蛙大脑中酶的研究,我们把像人类的"婚姻"这样一个不可捉摸的、有风险的和社会性的现象添加进它的"配方"中。当这么做时,我们的姿态十分典型。这或许有一部分是讽刺的,但也只是一部分,就像把一夫多妻制(一种制度)与大多数两栖动物和脊椎动物的不记名交配行为混为一谈。如果有人认真地提议,在人脑中寻找类似的基因模式,从而揭开一夫一妻制的神秘面纱,那这件事就太可笑了。我们是否也能在人脑中研究出什么东西来?下面我引用来自德克萨斯大学的汉斯·霍夫曼(Hans Hofmann)的话,他是最新研究的共同作者。

"'这是很有可能的,'霍夫曼说,'为此人们要研究人类的大脑样本,并把它与那些过着一夫多妻制[91]生活的黑猩猩样本进行比较。'"[92]

从技术上和道德上来说,从镖蛙或草原田鼠的大脑中提取酶的样本比从人类的大脑中提取更容易。抛开这一点,如果我们手中真的有这样一个研究的结果,我们会获得什么?除了像"一夫一妻制的秘密得到破解!"或"浪漫破灭——我们生来不忠"这种博眼球的标题,我们什么也得不到。

一个被称为**奥卡姆剃刀***的科学规则要求研究者在对事实进行解释时,不要使用**超过**逻辑上充分和必要的术语。通过一个简单的例子,这个规则说明了:如果我已经把雷雨理解为大气中产生的电压放电,我就不再需要一个因为悲伤或愤怒而投掷闪电的上帝。

神话使习俗、统治形式、领土要求合法化,它是文化"意识形态"的重要组成部分。因此,它也是关于大脑运作方式神话的**任务**的问题。大脑运作方式由拟人化的中心展现出来。

在新浪漫主义中,论证的路线由描述性转向表现性,从以直接体验为导向转向间接体验(因为不论是兴奋还是安静状态下的杏仁核都会"感受"到一些东西)。重点不再是对反映在心理感受中的文化或社会现象进行描述。它也明确地不涉及过往和当前的关系,以及童年和青少年

---

* 奥卡姆剃刀是由 14 世纪方济会修士奥卡姆的威廉(William of Occam)提出的逻辑学法则,他在《箴言书注》2 卷 15 题说"切勿浪费多余功夫去做本可以较少功夫完成之事",也即"如无必要,勿增实体"的"简单有效原理"。——译者注

时期形成的身份认同。

对大脑中神经中枢看似清晰的描述让所有的这些都变得可有可无。对大脑的观察会消除个体差异，还会导致人们不再将对社会相关过程的论断置于文化、历史、群体和家庭变动的背景中。像"**所有人的大脑都是一样的**"这种说法，在新的外衣下依然是神学的主张，即每个人都有灵魂。

那些发展并坚持所谓以科学为基础的大脑神话的人，他们可以降低文化研究中问题的复杂性，比如，对于男性气质与暴力之间的关联性问题，可以不去钻研人类学研究。而在人类学的研究中，玛格丽特·米德（Margaret Mead）早在1935年就注意到，同样存在认为女性具有攻击性，而男性较为温和、平和的文化。[93] 上文所引用的**对大脑的观察**似乎导致对不同文化、不同社会阶层之间差异的研究变得无关紧要。

用神经神话学来消除差异，不可能没有坏处。可以看到，与此并行的是，我们不再对精神障碍的原因作区别看待。其中一个例子是ADHD，即注意力缺陷多动障碍。从这一疾病的神经神话学中引出一条更直接的路径，通向药物治疗。

目前，我们仍不清楚一些基本问题是否能够得到解决——例如思想是如何产生的。因此，得到良好供血和供氧的大脑必不可少。那些声称大脑"制造"思想的人现在又回到了这样的论断：大脑与我们的思想和感觉的关系，和肝脏与胆汁或肾脏与尿液的关系一样。

这些都是自然科学范畴中的医学的早期比喻。医生皮埃尔·让·乔治·卡巴尼斯（Pierre Jean Georges Cabanis）于1757年至1808年居住在法国，从 1795 年起教授卫生学。他是第一位持有这一观点的人：就像食物在口腔中被嚼碎，在胃和肠中被消化一样，大脑处理感觉器官的印象，并制造出思想。

不是**我**而是**我的大脑**在感受和思考，这样一种人类形象是否不仅仅只是个比喻？它是通向"新的人类形象"，通向神经哲学的道路吗？这不仅仅和模糊的思维，也和一种意识形态有关。这种意识形态为空话冠上自然科学的光环，为猜想披上客观性的外衣。任何有理智的人都不会反对大脑是对生存至关重要的器官，是人类体验一切的条件。任何知道大脑供氧中断十分钟后所剩人性有多么少的人，很难再把灵魂不受神经元功能约束的深奥言论当回事。

但是，自世纪之交以来，关于大脑的言论已经像语言瘟疫一样蔓延开来。今天，几乎所有的记者或非虚构作家都离不开它——只要他们在寻找对当前社会问题的解释。偶尔会听到批评的声音，但它们无法阻止这些言论的蓬勃发展。

支持这些作者的人在面对"大脑"对人的戏弄时似乎获得了优势。这种想法也似曾相识。精神分析法的流行在很大程度上归功于一种意识形态，而弗洛伊德在他关于"野蛮精神分析"的言论中明确地反驳了这种意识形态："野蛮的"精神分析学家比前来治疗的受害者更清楚他们在脑子里想些什么。这样一种信念导致践行它的人产生了神秘知识的错觉。他可以冷酷地、直截了当地告知病人他们没有想到的事情。然而，严肃的研究表明，我们没有接触无意识的特权。

"早些年,在我年轻的时候,我闻上去是"热带 Axe"*的味道,紧绷得像坏了的拉链。当我深情地看着女孩们,同时又无法想象有什么比吸引她们的注意力更可怕的事情时,我安慰自己说,羞涩总有一天会消失。(……)今天,我知道了它有神经化学方面的原因:杏仁核,大脑额叶的一部分,它即使是对微小的刺激也会做出反应,由恐惧触发的发射器喷射出过量的分泌物。从得知这一点开始,我基本上就不怎么努力了。"94

德克·吉塞尔曼(Dirk Gieselmann)的描述或许带有讽刺意味——但它可能还有更深的含义。在神经科学家的指导下,"我"观察了一番自己的内里,发现——不,没有鬼神——自己额叶的一部分,对"我"做了"我"所经历的事情。"我"于是听天由命。在这之前,"我"还相信信任的力量,相信信任终有一天实现。而现在,"我"屈从于杏仁核的功能失常,投降了。

人们从不同的角度去理解吉塞尔曼的文章。这篇文章围绕着一个今天被描述为"社交恐惧症"的主题。精神病学家恩斯特·克雷奇默(Ernst Kretschmer)将这种人格类型比作罗马的房子:房子外面,坚不可摧的城墙高高耸立;房子里面,人们在宴会上欢庆,在有墙的院子里,花园中开满鲜花。

---

* "Axe"是联合利华旗下的男性美容产品品牌,面向年轻男性人群销售。它在英国、爱尔兰、马耳他、澳大利亚、新西兰和中国以"Lynx"的名称销售。"热带 Axe"(Axe Tropical)是其中除体味喷雾的一个系列。——译者注

类似的,吉赛尔曼描述了他对社会救赎极其生动的幻想,这些幻想在得到关注的希望中蓬勃生长,直到它们在保持没有存在感的愿望中枯萎。

杏仁核和它的发射器阻碍了进步的道路。和自然法则相比,它们更像是个比喻,但它们极大地限制,而不是扩宽了视野。那些用这种方式让解剖学和生理学成为自己的命运的人,把自己和个人历史以及归属于羞怯主题下的社会历史分离了开来。

个性化的人的模式由弗洛伊德设计,并由梅兰妮·克莱茵和她的学生进一步发展。这一模式基于对"对象"和对亲密的人的心力内投。它们被部分或整体地内化,从而建立起一种心理结构。在神经神话学的版本中,这种影响消失了:个体从大脑结构出发来解释自己。这一结构主要受到遗传的影响。父母的角色变得无关紧要,人生故事不再有构建结构的力量,只有个体生命赖以存在的有机结构。它将自我定位在物质世界中,并塑造其关系经验。

这种个体去历史化过程的一个生动例子是2017年4月《时代知识》上的一篇文章。[95] 这篇文章详细描述了一个男人,尽管他还在呼吸和说话,却觉得自己已经死了。这个人和他想象力的故事会非常有趣:他是什么时候第一次和这一故事相遇?是否有什么事情触发了这种感觉?他的童年、青年时期是怎样的?他的人际关系如何?他的性取向如何?

这些都没有——只有大脑扫描的结果。它表明了这个病人的大脑皮层活动减少,在某些方面类似于植物人状态。当病人用语言表达出的诊断结果看似可以在对大脑的研究中得到验证时,就已经达到了研究的极限——如果这不是它的终点的话。如果我们只满足于大脑扫描,那么我们将对确信自己已经死亡的病人的内心状态完全一无所知。我们只知道,扫描的图像与处于有意识昏迷状态的人的图像相似。

另一个例子来自一家颇有名望的日报:

"因此,男性被看作是情感障碍者。他们以自我为中心,不关心周围人过得怎么样。相反,女性则充满了温情和同理心,能感受到周围人的需求。这听上去像是过时的性别刻板印象,对此显然有个解释:女性的大脑能促成慷慨的品格,而男性的大脑则是为自私行为而设计的。"[96]

沃纳·巴滕施(Werner Bartens)用这种对男性或女性大脑活动的廉价描述来娱乐《南德意志报》的读者。他报道了"苏黎世大学神经经济学家"的研究。根据这项研究,女性在分配一笔钱时更加慷慨。"原因"弄清楚了,是"她们大脑中的奖励系统被激活了"。现在,它变得伪准确:女性在赠送礼物时,"大脑中部调节行为和处理情绪的所谓纹状体"的反应更强烈。于是她们感觉会更好。相反,当男性做出自私的行为时,"奖励系统"会变得活跃。

这项研究的收获就像找到你自己藏起来的复活节彩蛋。实验始于语言,终于语言。这中间有些什么,根本没有告诉我们。从这些热感图像中,我们除了得知研究者已经知道的东西,什么也没体会到。谈论神经生物学的"证据",或者像这里所说的那样,谈论**神经生物学**对行为的

掌控，我们不会获得新的认识。谁会怀疑感情具有胜于思想的力量，并根植于身体状态？无实体灵魂的深奥观念还要被批驳多少次？

每当说到"幸福荷尔蒙"多巴胺时，这件事就变得令人怀疑，似乎这种联系是事实一样。神话的具体化拉开了对它进行经济剥削的序幕。多巴胺和"幸福"之间在科学上站不住脚的关系，长期以来一直被用于药品广告。

结　论
另一个世界

"幸福啊,有谁无所怨恨
而封闭心扉,
有谁拥有一位知己,
和他共同分享,

那人所不知的、
人所不解的乐趣,
作长夜的漫游,
在胸中的迷宫里。"[97]

"如果你成为我真正的妻子,
那么你是值得羡慕的。
然后你将生活在消遣中,
在所有的快乐和欢愉中。

你骂人的时候,你发怒的时候。
我将耐心地承受它。
但如果你不赞美我的诗句。
我将与你离婚。"[98]

  作家多样化的经历包括一而再、再而三地阅读自己的文本,对它们进行改进、调整和批判,就好像在照料一个生物群落,它们可以在其中生长、欣欣向荣,在冷酷的贬值和狂热的理想化之间选一条折中的道路。在这样的场景中,自己落后了或者还在使用过时的教育知识这样的想法总是困扰着我。

  然而,歌德和海涅的诗句也说出了一些具有永恒意义的东西,为现代性的困境指明了一条出路。

  歌德首先是在没有仇恨的情况下封闭自己——这是一个创造性的悖论,这是被冒犯者的克制,以及一切缓和情况的典型特征。如果我们去追溯近来与极端立场对抗的历史,往往会发现这种态度是多么难得。

  激烈的、性器期式的反应对每一次羞辱都要用更具毁灭性的羞辱来回应,它使得快速的评判和低级的自恋变得合理。复仇承诺自尊会**迅速**得到重建,可实际上它在越来越冷漠的领域激起了旋涡,所有值得保存的东西都在其中消亡。

  诗中勾勒出的另一种方式来自一种温暖的关系。在这种关系里没有评判,而是分享。

  这句诗代表了关系高于意识形态。关系能够对属于我们内心迷宫的不确定性和惊讶感到欣喜。这开辟了一个诗意的空间。在这个空间里，一些东西可以出现，对立面可以得到调和。我们反对这样的观念：更多的监管不仅可以打击邪恶，而且还可以带来更多的善。我们还记得歌德的自白，这在今天是难以想象的。他认为自己有能力犯下任何罪行。每个人都应该得到同情。

下一代的海涅极其准确地抓住了冷暖之间的界限。他在利己主义和自恋之间划了一条界线：对爱人的奉献，美丽且美好，然而当自尊的核心受到伤害时，宽容就到此为止了。在讽刺的调和下，他明确表示，虽然有绝对的冷漠——它比我们希望的要更多、更频繁——但却没有绝对的温暖。恰恰相反：同理心的空间有边界，超出边界同理心就会不复存在。那些不能恰当地处理这一边界的人，会陷入冷漠的漩涡。

让这些边界对双方都保持开放的最重要的方法是幽默和讽刺。在年轻一代，尤其是数字原住民中，我很高兴地看到，随着数字媒体的兴盛，颠覆性讽刺的能力也在增强。除此以外，我们迫切需要的是一种骑士精神，这种精神能够遏止嘲弄弱者和践踏倒下的人的乐趣。幸灾乐祸是那些冷酷的消遣之一。消费型社会越是逼着人们追求幸福和成功，摆脱这种消遣或许就越难。

对消费型社会机制的心理批判仍然是部队中娱乐活动的一部分。真正的抗争是在政治层面上进行的。反思性器期倒退和冷思考的诱惑力，能够帮助我们培养自我批判的态度，并拒绝欺骗我们未来会更好的企图。作者喜欢引用歌德或许也与此有关，人们大概也可以指责他，他的文章陪伴了德国上百年籍籍无名的历史。作为诗人,他把格雷琴*(Gretchen)送上了天堂。而另一方面,作为法学家和大臣,他批准了对一个绝望的女仆的死刑判决,这个女仆与浮士德的爱人一样,杀死了自己的私生子。

那些忙于寻找和捍卫自己当下位置的人,可能内心不再有多少空间去对人们过去生活的世界产生兴趣。我属于老古董,在一个没有屏幕的时代长大,在我的人生故事里有第一台电视,第一部自己的电话,在意大利的没有电的房子确实把它的住户带回了这样一个时代:贴着邮票、盖着邮戳的信件建立起与外部世界唯一的联系。

自哲学诞生以来,人们就提出了这样的问题:在毫无疑问"一如既往"宜居的地球上,什么才是"正确"的生活。自从人们清楚地认识到,"消费型智人"对人类的生存有多大的危害,迄今为止给出的答案就只在历史角度上是有趣的。[99] 我们正在走向一个伟大的替代方案,其中冷酷和温情将发挥各自的作用。一方面,有一些冷酷的解决方案,它们着眼于最大限度地加强军备和权力控制,以此来确保那些给地球带来极大不稳定的群体的生存。

那另一方面呢?多样性和温情,没有封闭的组织,没有权力机器,而是有许多活动,在其中我们寻找另一个世界。在这个世界里,我们尽可能多地保留美好,尽可能多地摒弃破坏性。

---

* 格雷琴是《浮士德》中的一个人物。她是浮士德的情人,在生下与浮士德的私生子后杀死了他。——译者注

注 释

1. 约翰·沃尔夫冈·冯·歌德：浮士德（第一部）．网络资源：https://www.projekt-gutenberg.org/goethe/faust1/faust1.html（最后访问时间 2020 年 1 月 14 日）．本段引自《书斋》中梅菲斯特说的话．歌德本人曾是一名律师。（此处采用钱春绮译本。——译者注）
2. Wolfgang Schmidbauer：Helikoptermoral. Empörung, Entrüstung und Zorn im öffentlichen Raum. Hamburg 2017.
3. Martin Wittmann：» Better call Rainer. Interview mit Rainer Bock «，in：Süddeutsche Zeitung vom 30. 11. 2018. 网络资源：https://www.sueddeutsche.de/medien/fernsehserien-better-call-rainer-1.4233806?reduced=true（最后访问时间 2019 年 11 月 25 日）。
4. 我主要使用阳性的形式，因为它符合我对语言的感觉——这是我在这里优先考虑的，但并非没有在心里打鼓。我希望有一个真正解放的未来，在这个未来中，语言形式是互有相似之处，而不再是持续的统治企图。（德语中"男医生"和"女医生"会进行词尾的区分，"男医生"的单词为阳性，"女医生"的单词为阴性。现代为了体现性别平等，在泛指的时候会同时使用这两个词。——译者注）
5. 对这种"扭曲以获取资格"最生动的说明仍然是 Heinrich Bollinger et al.：Medizinerwelten. Die Deformation des Arztes als berufliche Qualifikation. München 1981.
6. Daniel Kahneman：Schnelles Denken, langsames Denken. München 2012.
7. 文章接下来会进一步讨论和发展"直升机道德"中的一个主题：» Der Schaden durch die Schadensstrafe «，vgl. dort S. 151.
8. Christian Katzenmeier：» Wie viel Recht verträgt die Medizin? «，in：Rheinisches Ärzteblatt 4/2009. 网络资源：https://www.medizinrecht.uni-koeln.de/fileadmin/sites/medizinrecht/Forschung/Rhein_AeBl__April_2009_

Recht_und_Medizin. pdf(最后访问时间 2019 年 11 月 27 日)。

9. Heinz Stüwe：»Arzt-der durchnormierte Beruf«，in：Deutsches Ärzteblatt 2009，106(13).

10. Daniel Kessler und Mark McClellan：»Do Doctors Practice Defensive Medicine?«，in：Quarterly Journal of Economics，Mai 1996，S. 353 – 390. Kongress der Vereinigten Staaten：Office of Technology Assessment：Defensive Medicine and Medical Malpractice，U. S. Government Printing Office July 1994，OTA – H – 602 Washington DC sowie Journal of the American Medical Assoziation (JAMA) 2005，S. 2609 – 2617.

11. 反安慰剂和安慰剂是医学术语，字面意思是"我会受伤"或"我会喜悦"。

12. Katrin Nink，Helmut Schröder：»Zu Risiken und Nebenwirkungen：Lesen Sie die Packungsbeilage?«，in：WIdO 53(2005). 网络资源：https://www. wido. de/fileadmin/Dateien/Dokumente/Publikationsdatenbank/wido_arz_mat_53_2005_packungsbeilagen. pdf(最后访问时间 2019 年 11 月 28 日)。

13. Sigmund Freud：»Konstruktionen in der Analyse«，in：Anna Freud et. al. (Hrsg)：Sigmund Freud. Gesammelte Werke，Bd. XVI. Frankfurt 1992 bzw. Johann Nestroy：Der Zerrissene. 网络资源：https://www. projekt-gutenberg. org/nestroy/zerrissn/zerrissn. html(最后访问时间 2020 年 1 月 14 日)。

14. 黑森州心理治疗师和儿童及青少年心理治疗师协会的职业行为准则，2019 年 4 月 25 日，最后修订于 2017 年 5 月 6 日，§12(2)。网络资源：https://lppkjp. de/wp-content/uploads/2017/12/06. 05. 2017_Berufsordnung_2017. pdf(最后访问时间 2019 年 11 月 27 日)。

15. Klappentext zu Katrin Langhans，Frederik Obermaier，Vivien Timmler：Gefahr im Körper. Das riskante Geschäft mit der Gesundheit. München 2018. 网络资源：https://szshop. sueddeutsche. de/Buecher/Sachbuecher/Gefahr-im-Koerper. html(最后访问时间 2019 年 11 月 25 日)。

16. Christina Berndt，Katrin Langhans und Frederik Obermaier：»Implant Files«，

in: Süddeutsche Zeitung vom 25. 11. 2018. 网络资源：https://projekte. sueddeutsche. de/implantfiles/politik/implant-files-medtronic-unter-schocke311905/(最后访问时间 2019 年 11 月 25 日)。

17. Samuel A. Cartwright: »Report on the Diseases and Physical Peculiarities of the Negro Race«, in: The New Orleans Medical and Surgical Journal, May 1851, S. 691 – 715.

18. » Das Sklavenwesen in den Vereinigten Staaten von Nordamerika. « Zweiter Abschnitt. »Die Zustände in den amerikanischen Sklavenstaaten«, in: Unsere Zeit. Jahrbuch zum Conversations-Lexikon. Bd. 6. Leipzig 1862: Brockhaus, S. 101 – 137, hier S. 105.

19. Primo Levi: Die Untergegangenen und die Geretteten. Übers. von Moshe Kahn. München 1990, S. 95.

20. 出处同上。

21. Wolfgang Schmidbauer: Der hysterische Mann. München 1999.

22. Wilhelm Griesinger: Die Pathologie und Therapie der psychischen Krankheiten. Stuttgart 1845, S. 1.

23. Paul H. Thibodeau, Lera Boroditsky: »Metaphors We Think With: The Role of Metaphor in Reasoning«, in: PLoS ONE 6(2), 23. 02. 2011. 网络资源：https:// doi. org/10. 1371/journal. pone. 0016782(最后访问时间 2019 年 12 月 19 日)。

24. G. J. Steen, W. G. Reijnierse, C. Burgers: »When Do Natural Language Metaphors Influence Reasoning? A Follow-Up Study to Thibodeau and Boroditsky (2013)«, in: PLoS ONE, 9(12), 09. 12. 2014. 网络资源：https:// journals. plos. org/plosone/article? id＝10. 1371/journal. pone. 0113536(最后访问时间 2019 年 12 月 19 日)。

25. Elisabeth Wehling, George Lakoff: Die neue Sprache der Sozialdemokratie. Friedrich-Ebert-Stiftung 2011. 网络资源：https://library. fes. de/pdf-files/id/ 08012-20110525. pdf(最后访问时间 2019 年 11 月 27 日)。

26. Elisabeth Wehling：Framing-Manual. Unser gemeinsamer, freier Rundfunk ARD. Berkeley International Framing Institute 2019. 网络资源：https：//cdn. netzpolitik. org/wp-upload/2019/02/framing_gutachten_ard. pdf（最后访问时间 2019 年 11 月 27 日）。

27. Solche Vorschläge tragen Eulen nach Athen und rennen offene Türen ein, vgl.：Wolfgang Schmidbauer：Helikoptermoral. Hamburg 2017.

28. Elisabeth Wehling：Framing-Manual. Unser gemeinsamer, freier Rundfunk ARD，S. 22.

29. 出处同上，S. 14。

30. 弗洛伊德用它来阐明、揭示和解决精神分析与隐瞒性催眠和暗示之间的区别。Vgl.：Wolfgang Schmidbauer：Freuds Dilemma. Die Wissenschaft von der Seele und die Kunst der Psy-chotherapie. Reinbek 1999.

31. 马克·吐温有一句话："没有什么比戒烟更容易，我已经戒了一百次了！"

32. Heinrich von Kleist：Über das Marionettentheater. Erstdruck in den Berliner Abendblättern in vier Folgen vom 12. bis 15. Dezember 1810. 网络资源：https：//www. projekt-gutenberg. org/kleist/ma rionet/marionet. html（最后访问时间 2020 年 1 月 14 日）。

33. 这个问题是化学家沃尔夫冈·苏默曼（Wolfgang Sümmerman）在 1980 年提醒我注意的。儿科医生确信，尽管如此，母乳的优点还是超过了缺点。困境在于，当专家们为了不使哺乳期的母亲不安而不说出这一点时，环境政策就会更加倾向于不作为。这种情况类似于创伤治疗和创伤政策之间的矛盾。

34. Andrea Hoferichter：»Gift im Eisbärenblut«, in：Süddeutsche Zeitung vom 21. 01. 2019. 网络资源：https：//www. sueddeutsche. de/wissen/toxikologie-gift-im-eisbaerenblut-1. 4296845（最后访问时间 2019 年 11 月 25 日）。

35. Claudia Henzler, Andreas Glas：» Wo die Befürworter und Gegner des Volksbegehrens leben«, in：Süddeutsche Zeitung vom 16. 02. 2019. 网络资源：https：//www. sueddeutsche. de/bayern/buckenhof-innerzell-volksbe gehren-ar-

tenvielfalt-1.4331789(最后访问时间 2019 年 11 月 26 日)。

36. Vine Deloria: We Talk, You Listen: New Tribes, New Turf. New York 1970. 引自德文版: Vine Deloria: Nur Stämme werden überleben. Indianische Vorschläge für eine Radikalkur des wildgewordenen Westens. Übers. von Claus Biegert. München 1978, S. 105.

37. Sebastian Junger: Tribe. On Homecoming and Belonging. New York 2016. Zitiert nach der deutschen Ausgabe: Sebastian Junger: Tribe. Das verlorene Wissen um Gemeinschaft und Menschlichkeit. Übers. von Teja Schwaner. München 2017.

38. Richard Mollica: »Southeast Asian Refugees: Migration History and Mental Health Issues«, in: A. J. Marsella et al. (Hrsg.): Amidst Peril and Pain: The Mental Health and Wellbeing of the World's Refugees. Washington 1994, S. 209 f.

39. A. J. Marsella et al.: »A selective review of the literature on ethnocul-tural aspects of PTSD«, in: PTSD Research Quarterly, 3,1-7,1992.

40. 赫克托·圣约翰·德克雷夫科尔(1735—1813)是一位法国贵族,其在英国和法国冲突期间在加拿大担任制图员。法国战败后,他在后来成为美国领土的地方定居,并因一本被大量翻译的书《一个美国农民的信》而闻名。该书于 1782 年在伦敦首次以英文出版。他是奴隶制的坚定反对者,也是对印第安人待遇的同样坚定的批评者。

41. 约翰·沃尔夫冈·冯·歌德:天福的向往,出自《西东诗集》。网络资源:https://www.projekt-gutenberg.org/goethe/divan/divan011.html(最后访问时间 2020 年 1 月 14 日):

"任怎样遥远,你不担心,
你飞过来,进入迷魂阵,
到最后,由于贪恋光明,
飞蛾啊,你就此焚身。

> 如果你一天不能理解，
> 这就是：死而涅槃！
> 你只是个郁郁的寄居者，
> 在这黑暗的凡尘。"

这是这首诗的最后两节，歌德在这两节中把追求光明的飞蛾形象与凤凰的重生思想联系在一起，凤凰通过自焚使自己重获新生。模糊的客人在黑暗大地上的话语反映了新柏拉图式的思想，即灵魂在尘世中的羁绊，它渴望与"世界精神"结合，这在歌德的《浮士德》第一部开始的咒语场景中有所暗示。

42. 在写给他兄弟的一封信中，1817 年 12 月 21 日周日。Vgl.：John Keats：The Complete Poetical Works and Letters of John Keats. Cam-bridge Edition. Houghton 1899，S. 277.

43. 引文同上，由沃尔夫冈·施密德鲍尔翻译。

44. 西格蒙德·弗洛伊德：歇斯底里症研究，出自：Anna Freud et. al.（Hrsg.）：Sigmund Freud. Gesammelte Werke，Bd. I. Frankfurt 1992，S. 264.

45. Joachim Bauer：» Auch irrationale Taten haben Ursachen. Auf soziale Ausgrenzung reagieren menschliche Gehirne mit Schmerzen. Terror kann die Folge sein«，in：taz vom 21. 11. 2015. 网络资源：https://taz.de/! 5249610/（最后访问时间 2019 年 11 月 26 日）.

46. Joachim Bauer：Warum ich fühle，was du fühlst：Intuitive Kommunikation und das Geheimnis der Spiegelneurone. Hamburg 2005.

47. 任何读到鲍尔鉴定意见的人，都只能哀叹它成了法律上非黑即白的牺牲品。

48. dpa：»Gutachter brachte Pralinen für Zschäpe mit«，in：SPIEGEL ONLINE 18. 05. 2017. 网络资源：https://www. spiegel. de/panorama/justiz/nsu-prozess-justiz-stoppt-pralinen-lieferung-an-zschaepe-a-1148256. html（最后访问时间 2019 年 11 月 27 日）.

49. Gisela Friedrichsen：»Mit diesem Gutachter scheitert Zschäpes Verteidigung«，

in: Welt vom 23.05.2017. 网络资源: https://www.welt.de/politik/deutschland/article164848431/Mit-diesem-Gutachter-scheitert-Zschaepes-Verteidigung.html(最后访问时间2019年11月26日).

50. Wolfgang Schmidbauer, Johannes Kemper: Ein ewiges Rätsel will ich bleiben mir und anderen. Wie krank war König Luwig II wirklich?. München 1986.

51. Edward Shorter: From Paralysis to Fatigue: A History of Psychosomatic Illness in the Modern Era. Toronto 1970.

52. Gerhard Mauz: »Die Staatsanwaltschaft als Partei«, in: Der Spiegel vom 18.09.1989, Nr. 38. 网络资源: https://www.spiegel.de/spiegel/print/d-13497665.html(最后访问时间2019年11月26日).

53. 格哈德·莫兹还为赫伯特·梅希的研究报告写了前言。vgl.: Herbert Maisch: Patiententötungen. Dem Sterben nachgeholfen. München 1997.

54. Vgl.: Norbert Elias: Über den Prozeß der Zivilisation. Soziogenetische und psychogenetische Untersuchungen. Band 1: Wandlungen des Verhaltens in den weltlichen Oberschichten des Abendlandes und Band 2: Wandlungen der Gesellschaft. Entwurf zu einer Theorie der Zivilisation. Basel 1939.

55. Gillian Brockell: An open letter to @Facebook, @Twitter, @Instagram and @Experian regarding algorithms and my son's birth. Tweet vom 11.12.2018. 网络资源: https://twitter.com/gbrockell/status/1072589687489998848(最后访问时间2019年11月26日),由沃尔夫冈·施密德鲍尔翻译。

56. Annette Ramelsberger, Peter Burghardt: »Über das Töten«, in: Süd-deutsche Zeitung vom 07.06.2019. 网络资源: https://www.sueddeutsche.de/panorama/niels-hoegel-prozess-1.4477193?reduced=true(最后访问时间2019年11月26日).

57. 克林顿总统关于杀人事件的讲话,1999年4月21日。网络资源: https://www.theguardian.com/world/1999/apr/21/usgunviolence.usa5(最后访问时间2019年12月6日).

58. Heinrich Heine：Gedanken und Einfälle. Hamburg 1869. 网络资源：https://www. projekt-gutenberg. org/heine/aphorism/apho rism. html（最后访问时间 2020 年 1 月 14 日）。

59. Peter Burghardt：»Buchhalter des Todes«，in：Süddeutsche Zeitung vom 21. 04. 2015. 网络资源：https://www. sueddeutsche. de/politik/auschwitz-prozess-buchhalter-des-todes-1. 2445113（最后访问时间 2019 年 11 月 26 日）。在这篇文章中，《南德意志报》报道了对 93 岁的奥斯卡·格罗宁（Oskar Gröning）的奥斯维辛审判。

60. 西格蒙德·弗洛伊德：文明及其不满，出自：Anna Freud et. al.（Hrsg.）：Sigmund Freud. Gesammelte Werke，Bd. IX. Frankfurt 1974.

61. Wolfgang Schmidbauer：Eine Kindheit in Niederbayern. Reinbek 1987，S. 172f.

62. Martin Ehlert-Balzer：«Sexuelle Grenzverletzungen im psychotherapeutischen Raum. Eine männliche Perspektive»，in：Organisationsbe-ratung，Supervision，Coaching 1998 5(1)，S. 85 – 93.

63. Martin Ehlert-Balzer a. a. O.，S. 90.

64. Thomas Gutmann, Giulietta Tibone, Andrea Schleu, Jürgen Thorwart：»Sexueller Missbrauch in der Psychotherapie：Notwendige Diskussion der Perspektiven von Juristen und Psychotherapeuten «，in：Psycho-therapeutenjournal 1/2018, S. 11 – 19, hier S. 11. 网络资源：https://www. psychothera-peutenjournal. de/ptk/web. nsf/gfx/88268FE43120BEABC125825E0041B949/MYMfile/PTJ_1_2018_Artikel%20Schleu%20et%20al. pdf（最后访问时间 2019 年 11 月 26 日）。

65. Vgl.：Ilka Quindeau und Wolfgang Schmidbauer：Der Wunsch nach Nähe -Liebe und Begehren in der Psychotherapie. Ilka Quindeau und Wolfgang Schmidbauer im Gespräch mit Uwe Britten. Gttingen 2017.

66. Vgl.：Karl Menninger：Strafe-ein Verbrechen?. München 1970. Der amerikanische Buchtitel des renommierten amerikanischen Analytikers lautet

The Crime of Punishment.

67. Katharina Rutschky: Erregte Aufklärung. Kindesmissbrauch: Fakten & Fiktionen. Hamburg 1992.

68. Vgl.: Wilhelm Reich: Massenpsychologie des Faschismus. Kopenhagen, Prag, Zürich 1933.

69. Gitti Hentschel: »Die neue Form der Täterentlastung«, in: taz vom 24. 09. 1993. 网络资源：https://taz.de/!1599466/（最后访问时间 2019 年 11 月 26 日）。

70. 霍斯特-埃伯哈德·里希特（Horst-Eberhard Richter）甚至把这对父女非常个人化的决定描述成在精神分析运动中一种确保权力的背信弃义的方式。Vgl.: Horst-Eberhard Richter: Die Chance des Gewissens. Erinnerungen und Assoziationen. Gießen 2013；Johannes Cremerius: Verführung auf der Couch. Eine Niederschrift. Freiburg 1995.

71. William McGuire, Wolfgang Sauerländer（Hrsg.）: Sigmund Freud/C. G. Jung. Briefwechsel. Frankfurt 1974, S. 593 f.

72. Harald Pühl: Angst in Gruppen und Institutionen. Hille 1994.

73. 这一疾病史在所有弗洛伊德的传记中都有详细描述，此外对其进行描述的还有：Ernest Jones: Das Leben und Werk von Sigmund Freud, Bd. I. Bern 1960. Und: Peter Gay: Freud. Eine Biogra-phie fur unsere Zeit. Frankfurt 1987, S. 80 f.

74. 弗洛伊德早期的病例史都是关于女性的故事，在很多地方揭示了精神分析的发现受到了这些故事多大的影响。在同事们没有什么有用的东西能告诉他的地方，这个年轻的、雄心勃勃的医生允许女病人教给他一些东西。因此，范妮·莫泽（Fanny Moser），她在《歇斯底里症研究》中的代号是"Emmy v. N."，教会了弗洛伊德"基本规则"。她斥责他用问题折磨她，并要求他："我不应该总是问她这个和那个是怎么来的，而是要让她告诉我她想告诉我的事情。"西格蒙德·弗洛伊德：歇斯底里症研究，出处同上，第 116 页。

75. Sigmund Freud：»Selbstdarstellung«，in：Anna Freud et. al. （Hrsg.）：*Sigmund Freud. Gesammelte Werke*，Bd. XIV. Frankfurt 1991，S. 52.

76. Dora Edinger：*Bertha Pappenheim. Freud's Anna O.* Illinois 1968，S. 20.

77. Wolfgang Schmidbauer：»Liebeskolumne. Muss er auf ihr Trauma Rücksicht nehmen? Eine Kolumne von Wolfgang Schmidbauer«，in：*ZEITmagazin* 45 （2013）. 网络资源：https://www.zeit.de/2013/45/liebeskolumne-beziehung-borderline（最后访问时间 2019 年 11 月 26 日）。

78. 格特·波斯特尔是一个冒名顶替者，他伪造了证书并作为精神病学顾问工作了数年。

79. Wolfgang Schmidbauer：»Liebeskolumne«，a. a. O.

80. Ursula Wirtz：*Seelenmord. Inzest und Therapie.* Stuttgart 1989.

81. 当病人想让我也见见他的妻子，或者他的妻子因为想和我说话而接近我时，这些问题就变得具体了。我发现拒绝这种见面的时机还不成熟。然而，在未经第一个病人同意的情况下，将预约给病人圈子里的人，在专业上是不正确的。伴侣出于关心或愤怒的电话是无法避免的，但它应该很简短，并将其告知第一位病人，以便找出适合他们需求的处理方式。

82. 这段话来自尼科洛·伊索亚德（Nicolò Isouard）的喜剧《蒙娜丽莎或冒险家》（*La Joconde ou les Coureurs d'aventures*），歌词由查尔斯-纪志姆·埃蒂安（Charles-Guillaume Étienne）创作。在第三幕第一场有如下台词："一个人变得不忠，从一个美女到另一个美女，但总是回到初恋。"

83. Vgl.：Alfred Adler：*Studie über Minderwertigkeit von Organen.* Berlin 1907.

84. Vgl.：Harald Pühl，Wolfgang Schmidbauer（Hrsg.）：*Eventkultur. Ereigniskonsum als Abwehrritual in der globalisierten Gesellschaft.* Berlin 2007.

85. Heinrich von Kleist：*Michael Kohlhaas. Aus einer alten Chronik.* 网络资源：https://www.projekt-gutenberg.org/kleist/kohlhaas/kohlhaas.html（最后访问时间 2020 年 1 月 14 日）。

86. Alex Rühle:»Viel zu große Augen«, in: *Süddeutsche Zeitung* vom 16. 12. 2016. 网络资源: https://www.sueddeutsche.de/kultur/comic-viel-zu-grosse-augen-1.3297864?reduced=true(最后访问时间 2019 年 11 月 26 日)。(本段说的是德国作家克莱斯特的小说《米迦勒·寇哈斯》(*Michael Kohlhaas*)。这本小说讲述了在 16 世纪中叶,马贩子米迦勒·寇哈斯对自己受到的不公正待遇采取私刑的故事,他的行事准则是"让正义得到伸张,让世界在其中消亡!"该人物的历史模型是汉斯·寇哈斯。——译者注)

87. Christian Weber:»Mehr Hirn bitte, und weniger Forscher«, in: *Süd-deutsche Zeitung* vom 12. 03. 2016. 网络资源: https://www.sueddeutsche.de/wissen/neuropaedagogik-weniger-hirn-beim-lernen1.2902442?reduced=true(最后访问时间 2019 年 11 月 26 日)。

88. Jeffrey Bowers:»The Practical and Principled Problems with Educational Neuroscience«, in: *Psychological Review*, vol 123, pp. 600 – 612.

89. Anke Fossgreen:»Das Geheimnis der Monogamie«, in: *Süddeutsche Zeitung* vom 06. 03. 2019. 网络资源: https://www.sueddeutsche.de/wissen/monogamie-polygamie-tiere-evolution-ehe-treue-biologie-1.4354070?reduced=true(最后访问时间 2019 年 11 月 26 日)。

90. Rebecca L. Young, Michael H. Ferkin, Nina F. Ockendon-Powell, Veronica N. Orr et al.:»Conserved transcriptomic profiles underpin monogamy across vertebrates«, in: *PNAS* 2019 116(4), S. 1331 – 1336.

91. 黑猩猩不是一夫多妻制,而是滥交;不像狮子或野马那样有要守卫和保卫的"后宫"。

92. Anke Fossgreen:»Das Geheimnis der Monogamie«, in: *Süddeutsche Zeitung* vom 06. 03. 2019.

93. 玛格丽特·米德是一位美国民族学家。她与露丝·富尔顿·本尼迪克特(Ruth Fulton Benedict)一起,是文化和人格学派的主要代表。她最重要的文章是: Sex and Temperament in Three Primitive Societies, 1935. Teil 1: Kindheit und

Jugend in Samoa. Teil 2: Kindheit und Jugend in Neuguinea. Teil 3: Geschlecht und Temperament in drei primitiven Gesellschaften. Eschborn 2002.

94. Dirk Gieselmann: »Mein Leben als Igel«, in: *ZEITmagazin* vom 27.07.2017, S. 16. 网络资源: https://www.zeit.de/zeit-magazin/2017/31/schuechternheit-dirk-gieselmann(最后访问时间 2019 年 11 月 26 日)。

95. Max Rauner: »Ich existiere nicht«, in: *ZEIT Wissen* 2/2017. 网络资源: https://www.zeit.de/zeit-wissen/2017/02/bewusstsein-ich-identitaethirnforschung(最后访问时间 2019 年 12 月 18 日)。

96. Werner Bartens: »Frauen sind grözügiger«, in: *Süddeutsche Zeitung* vom 10.10.2017. 网络资源: https://www.sueddeutsche.de/wissen/psychologie-frauen-sind-grosszuegiger-1.3701751?reduced=true(最后访问时间 2019 年 11 月 26 日)。

97. 约翰·沃尔夫冈·冯·歌德: 致月亮(1778 年). 网络资源: https://www.projekt-gutenberg.org/goethe/gedichte/chap084.html(最后访问时间 2020 年 1 月 14 日)。(此处采用钱春绮译本。——译者注)

98. 海因里希·海涅: 诗歌集·还乡曲 72(1827 年). 网络资源: https://www.projekt-gutenberg.org/heine/buchlied/chap193.htm(最后访问时间 2020 年 1 月 14 日)。(此处采用钱春绮译本。——译者注)

99. 我在 1972 年对这种类型进行了第一次观察。Vgl.: Wolfgang Schmidbauer: Homo consumens. Munchen 1972.